Mandalas Encantados

Colorea la magia y el misterio

Libro para colorear

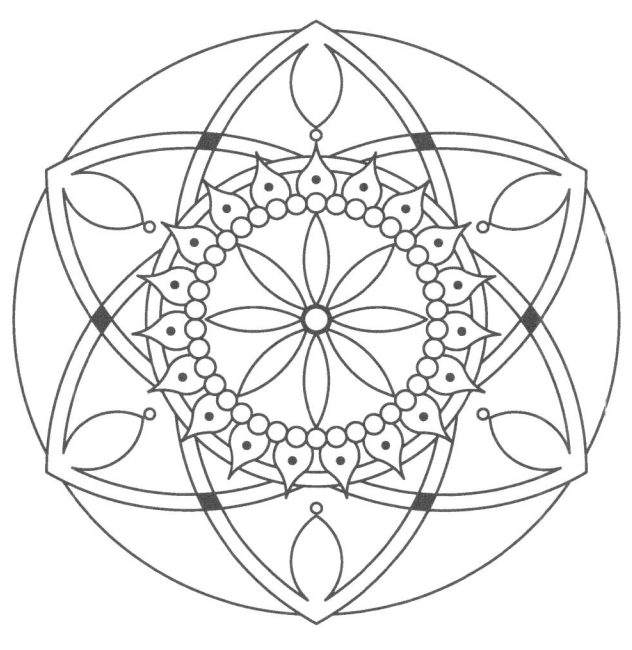

Mandalas Encantados

Colorea la magia y el misterio

Libro para colorear

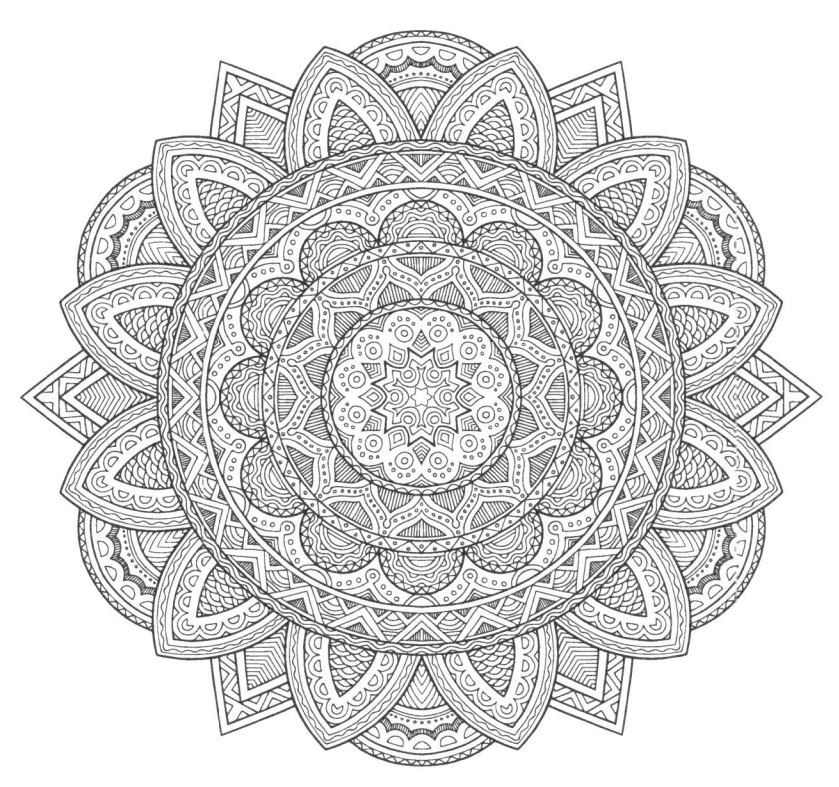

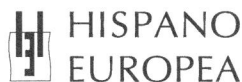

HISPANO
EUROPEA

Título de la edición original: The enchanted mandala. Colouring book

Copyright © Arcturus Holdings Limited
26/27 Bickels Yard, 151–153 Bermondsey Street,
London SE1 3HA

© de la edición en castellano, 2026:
Editorial Hispano Europea, S. A.
E-mail: hispanoeuropea@hispanoeuropea.com

Depósito Legal: B 3343-2026
ISBN: 978-84-255-2123-2

Consulte nuestra web:
www.hispanoeuropea.com

Impreso en España

Introducción

Los patrones circulares repetitivos de los mandalas los convierten en uno de los temas más relajantes para colorear. Se encuentran en muchas religiones, entre ellas el hinduismo, el budismo, el sintoísmo y el jainismo. Pueden ser un mapa que muestra lugares espirituales, así como dioses en algunas religiones y, en ocasiones, la ubicación de santuarios.

El budismo a veces utiliza un mandala para representar todo el universo, con el sagrado monte Meru, con sus cinco picos, en el centro. Carl Jung utilizó los mandalas como parte de su práctica, considerándolos una representación del yo.

El viaje espiritual que representa un mandala comienza en su borde exterior y avanza a través de las capas hasta llegar al núcleo interior. Puedes colorear cada capa con la misma paleta para lograr una forma relajante de reflexión mientras coloreas. Los diseños aquí presentados van desde lo puro y sencillo hasta lo exquisitamente complejo. Todo lo que necesitas son unos rotuladores o lápices, y tu capacidad de concentración.

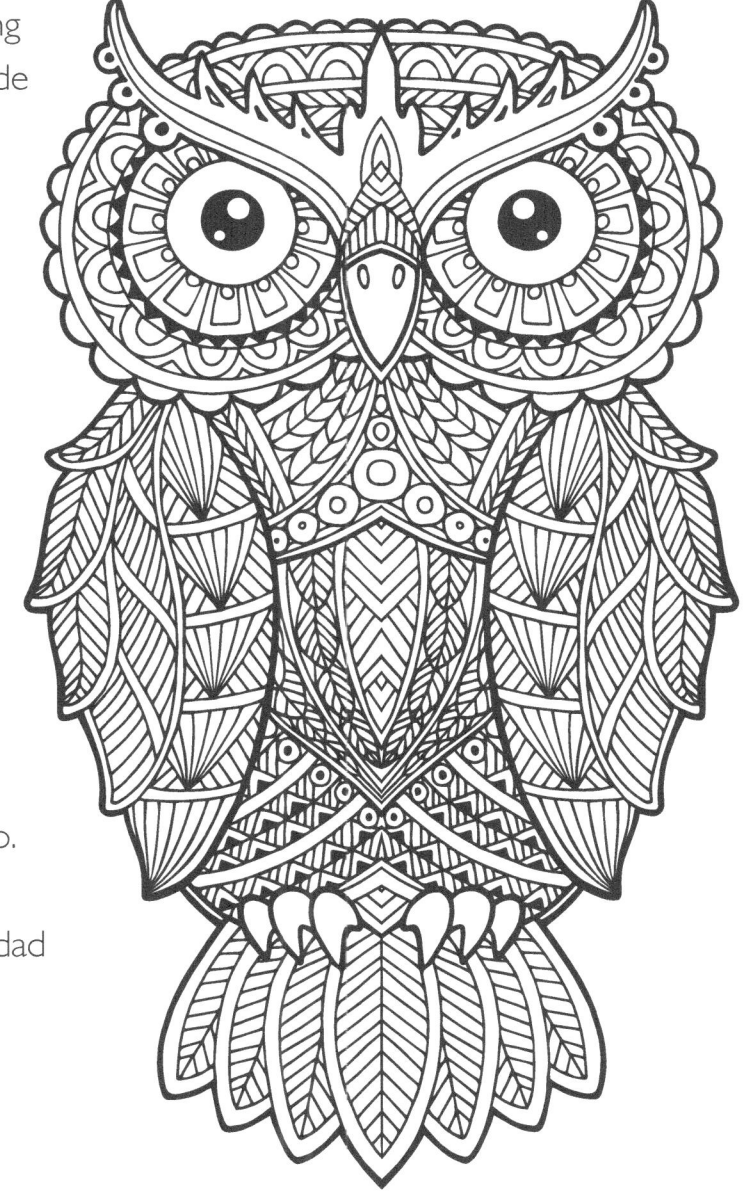

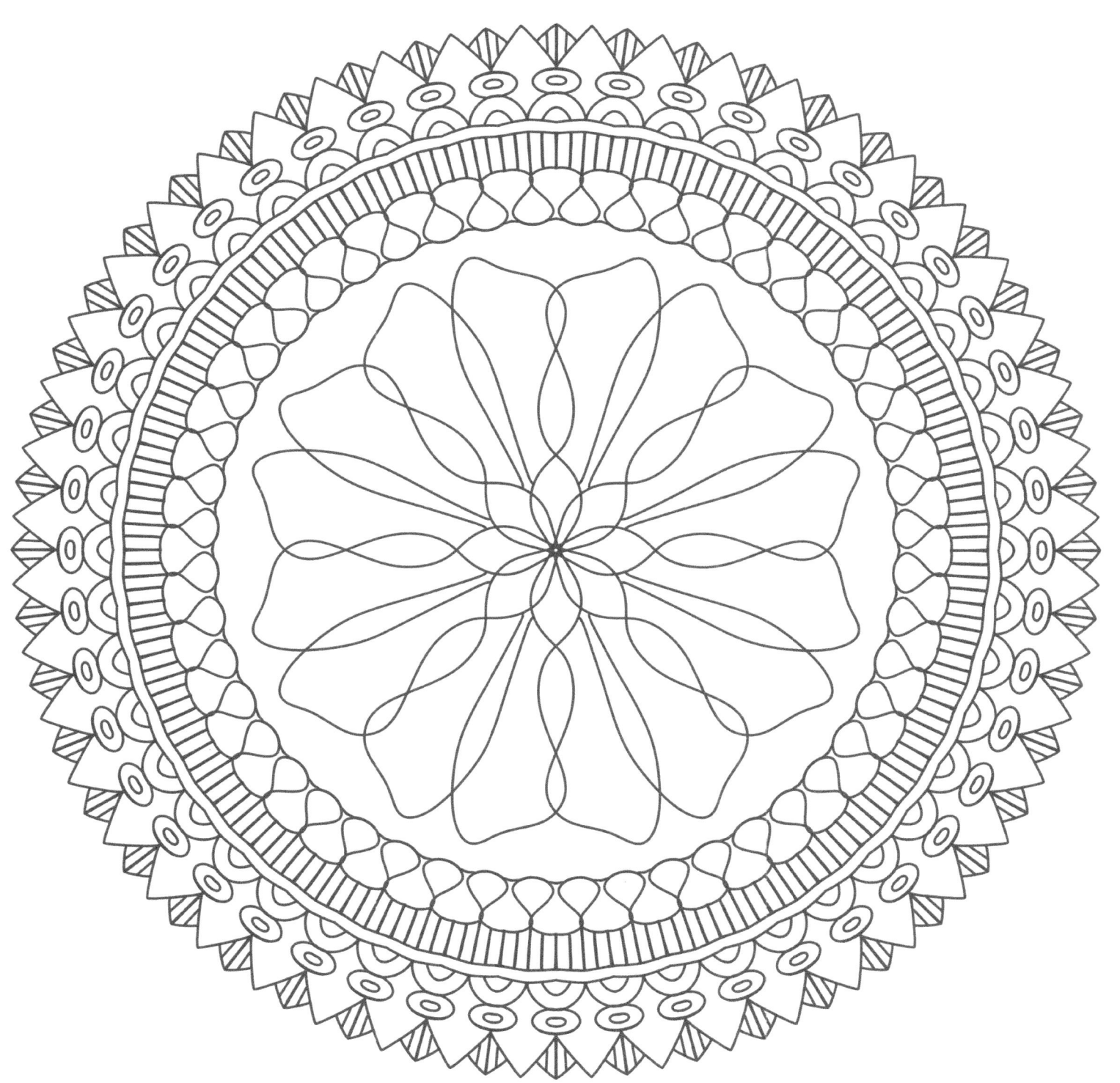

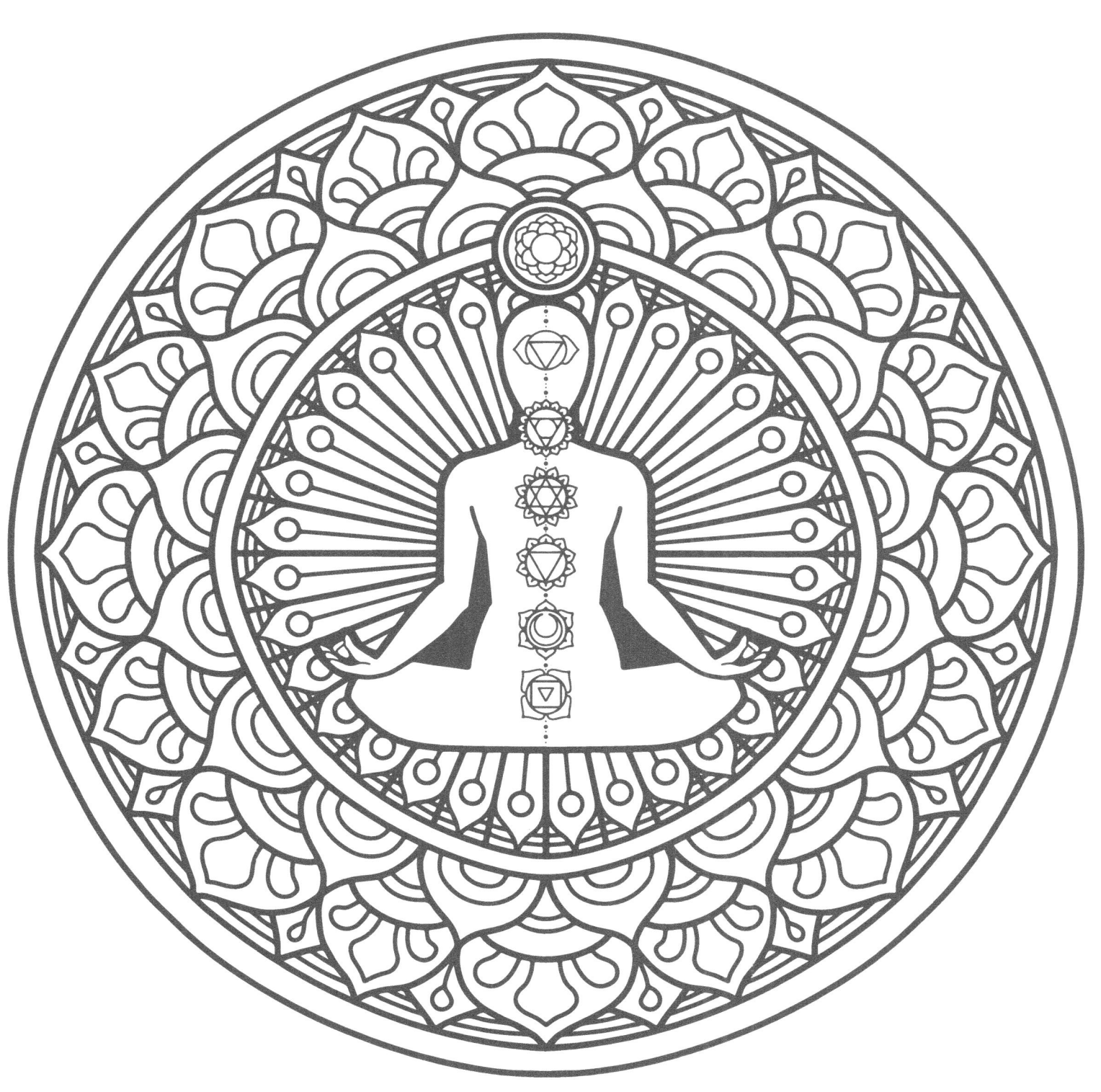

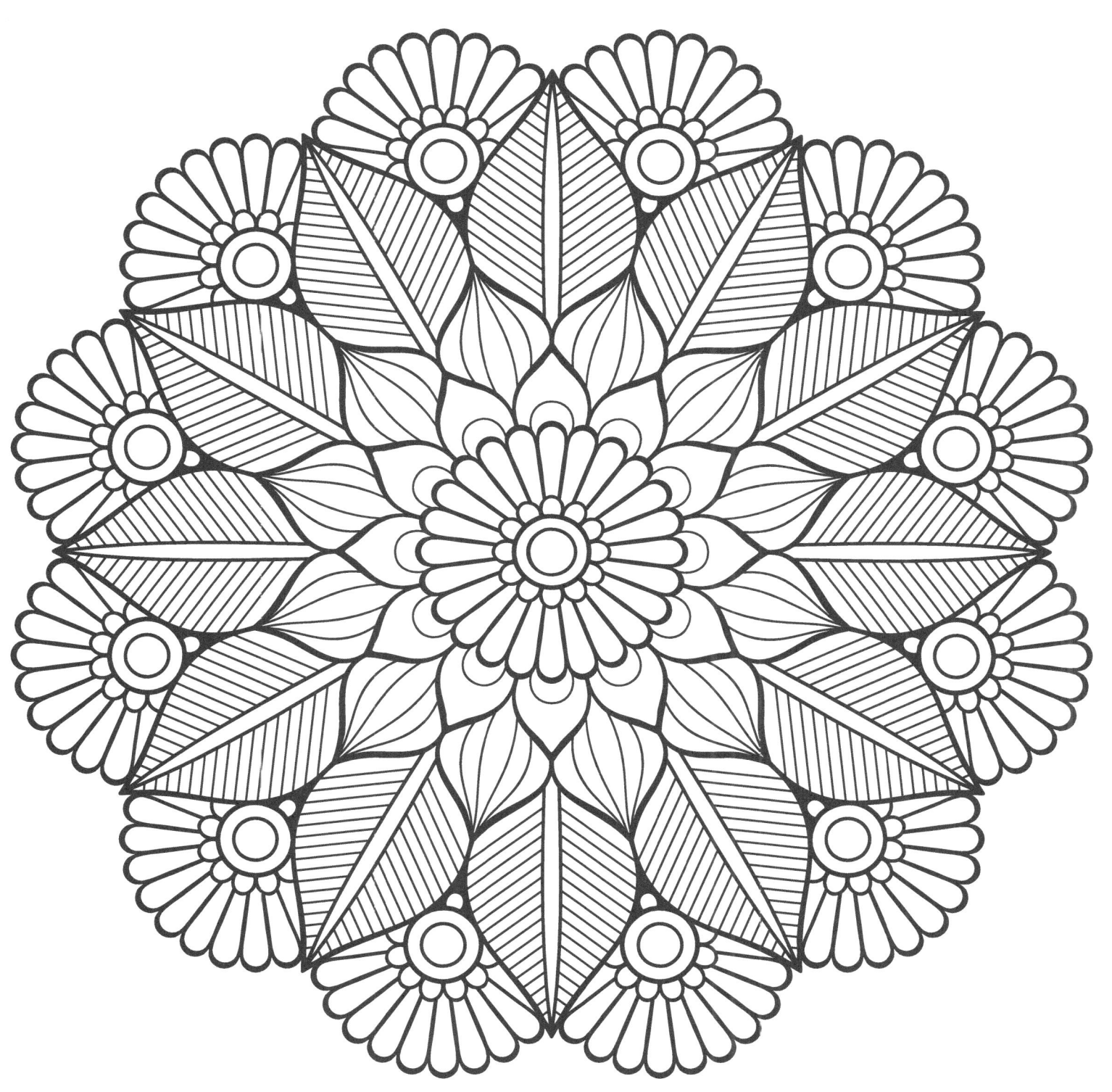

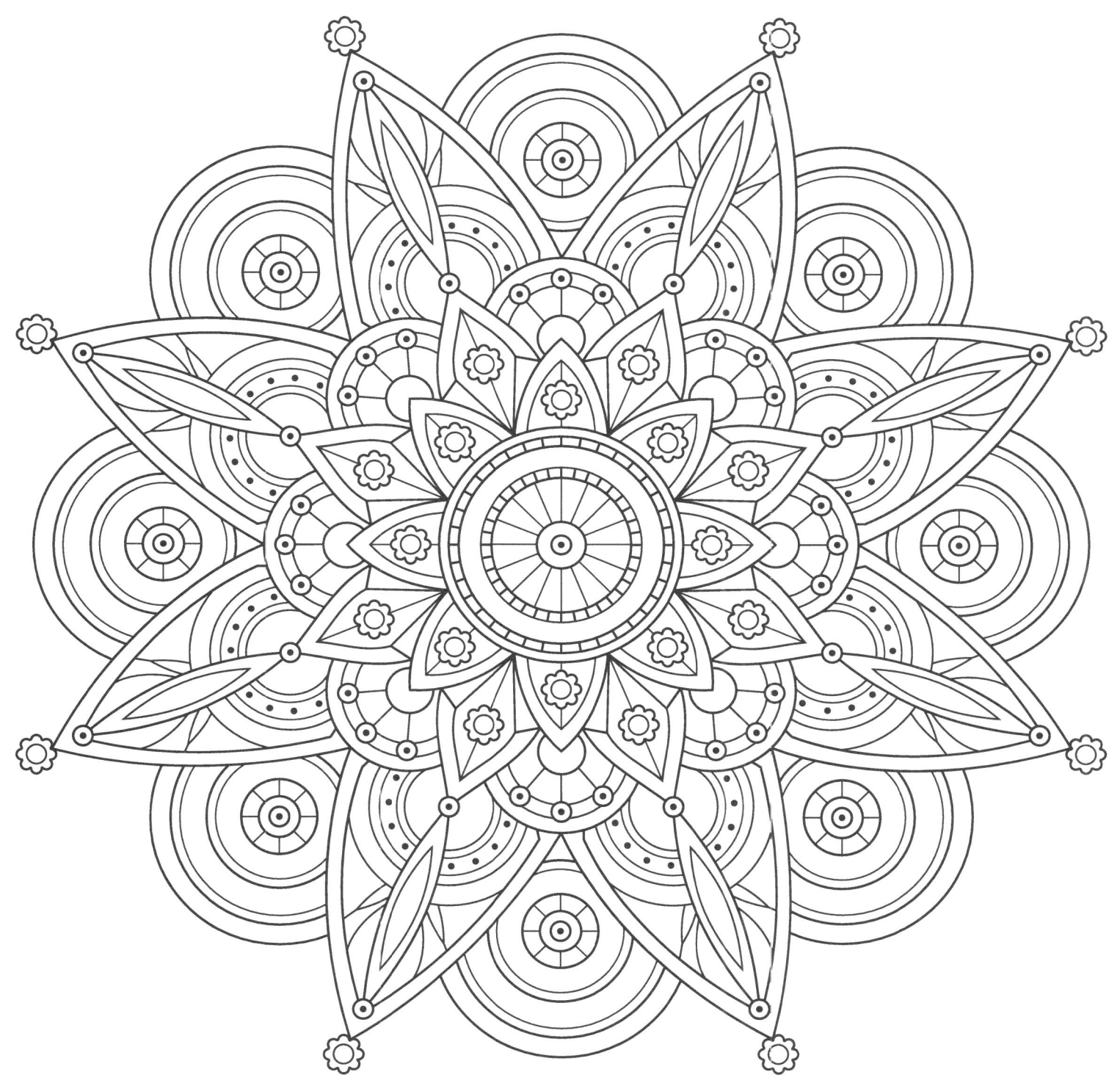

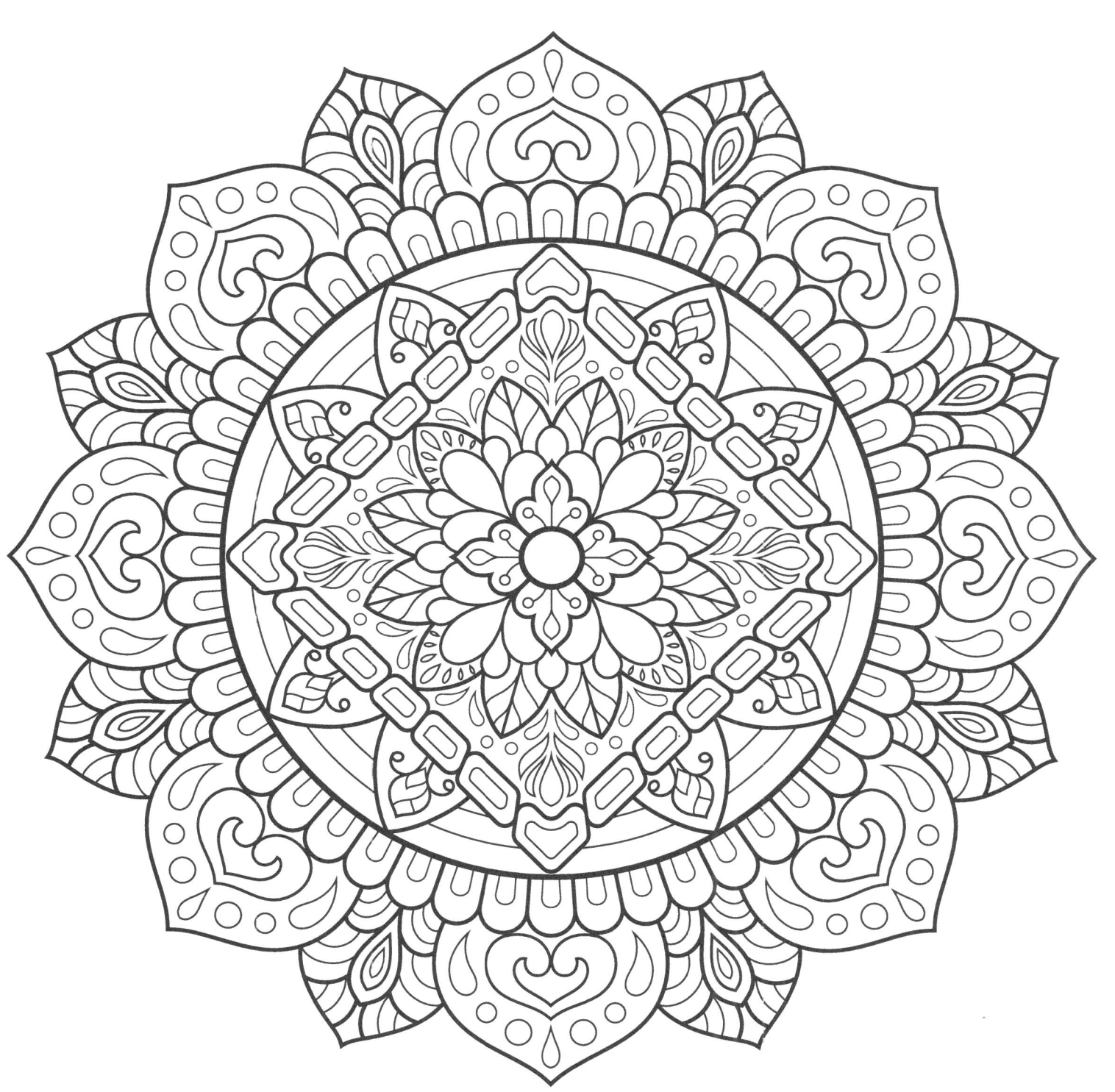

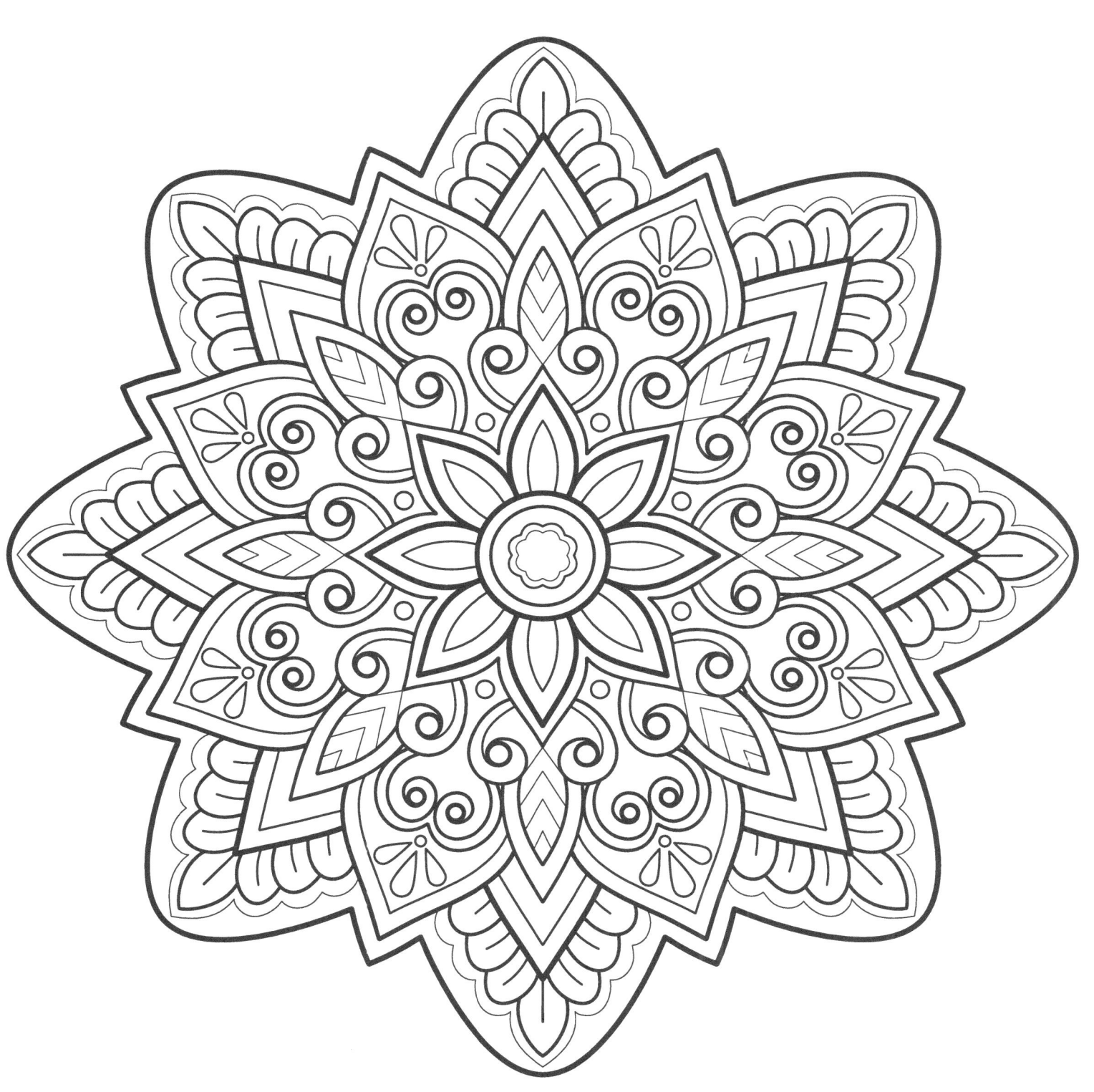

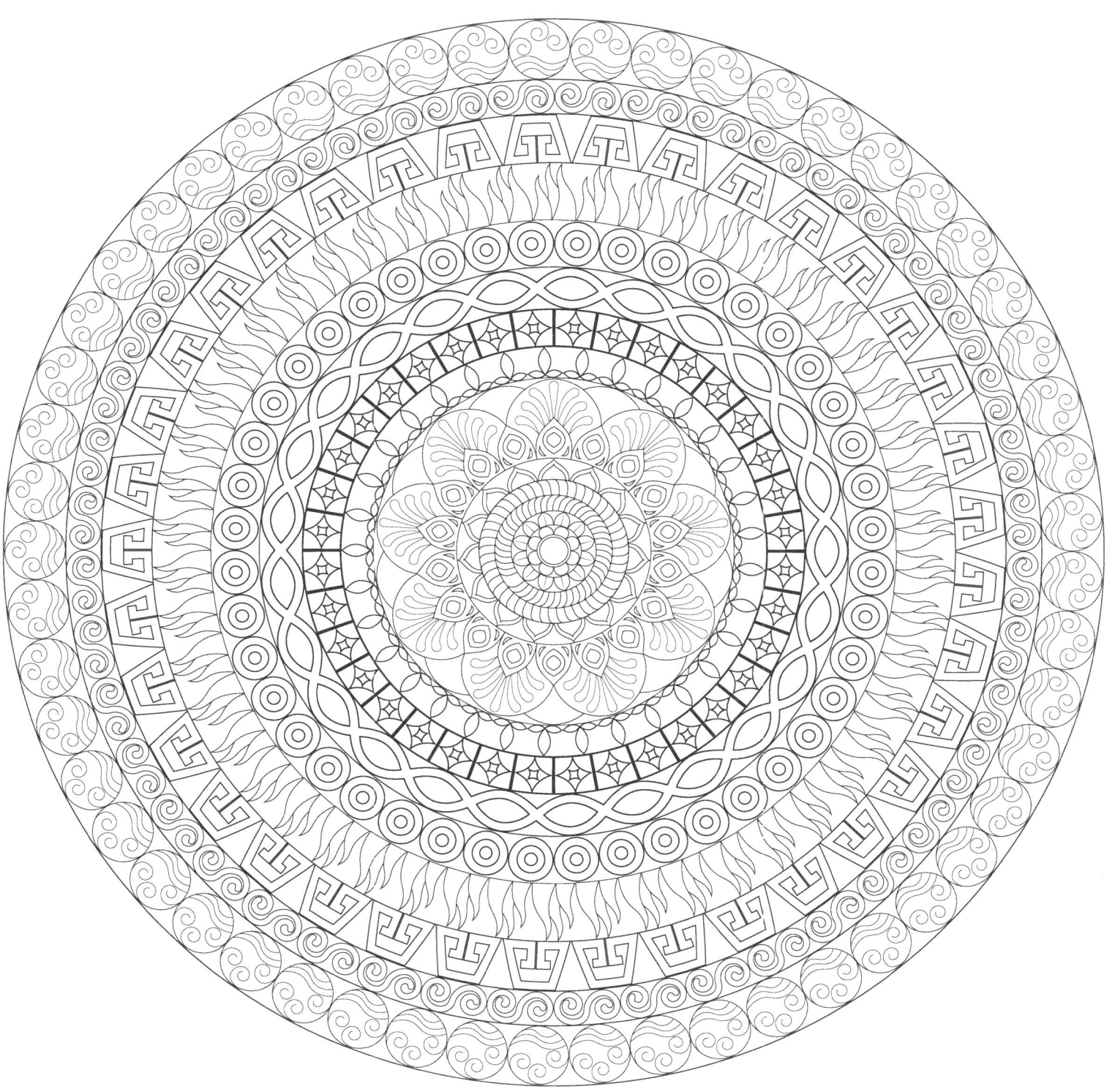

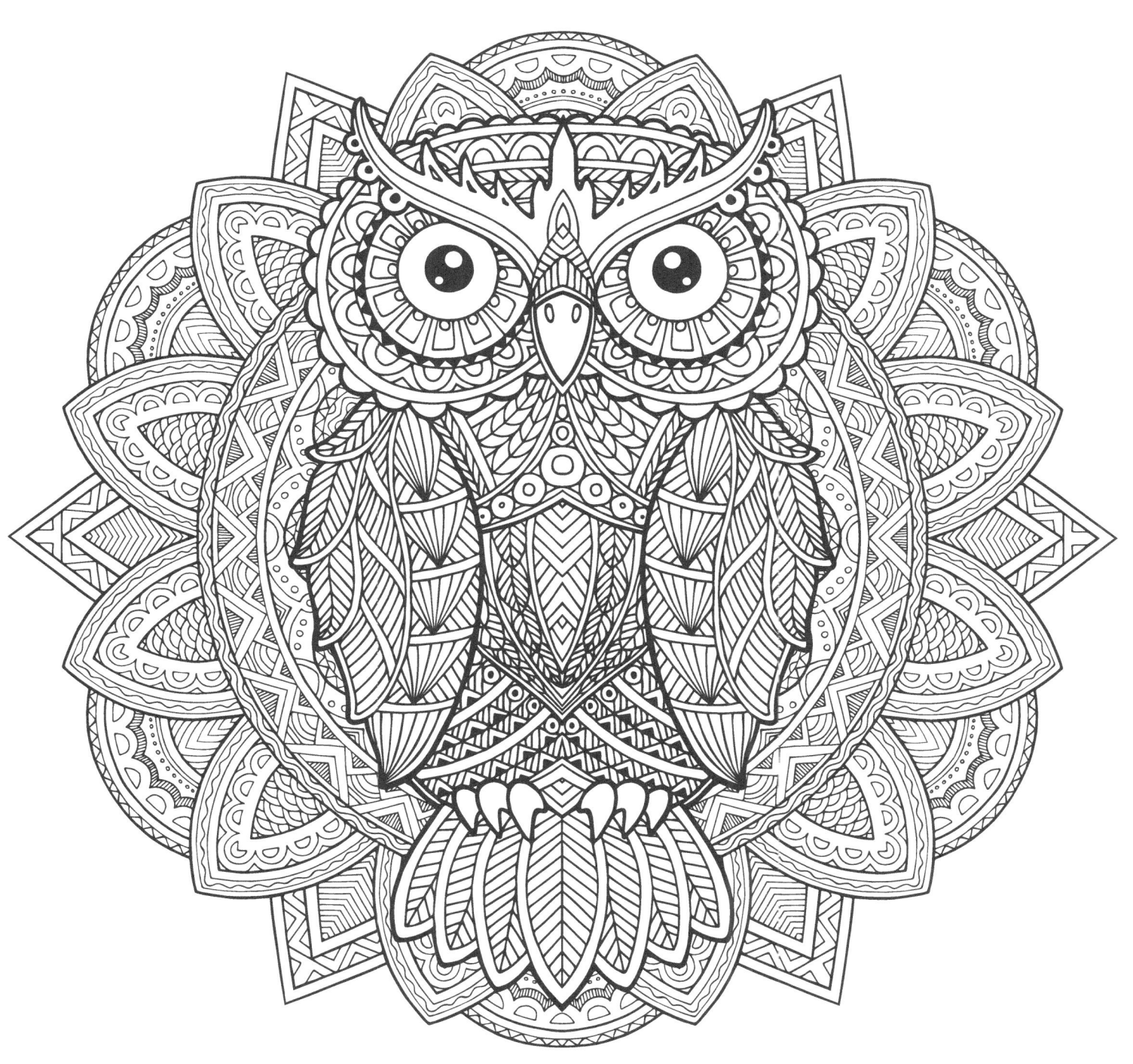

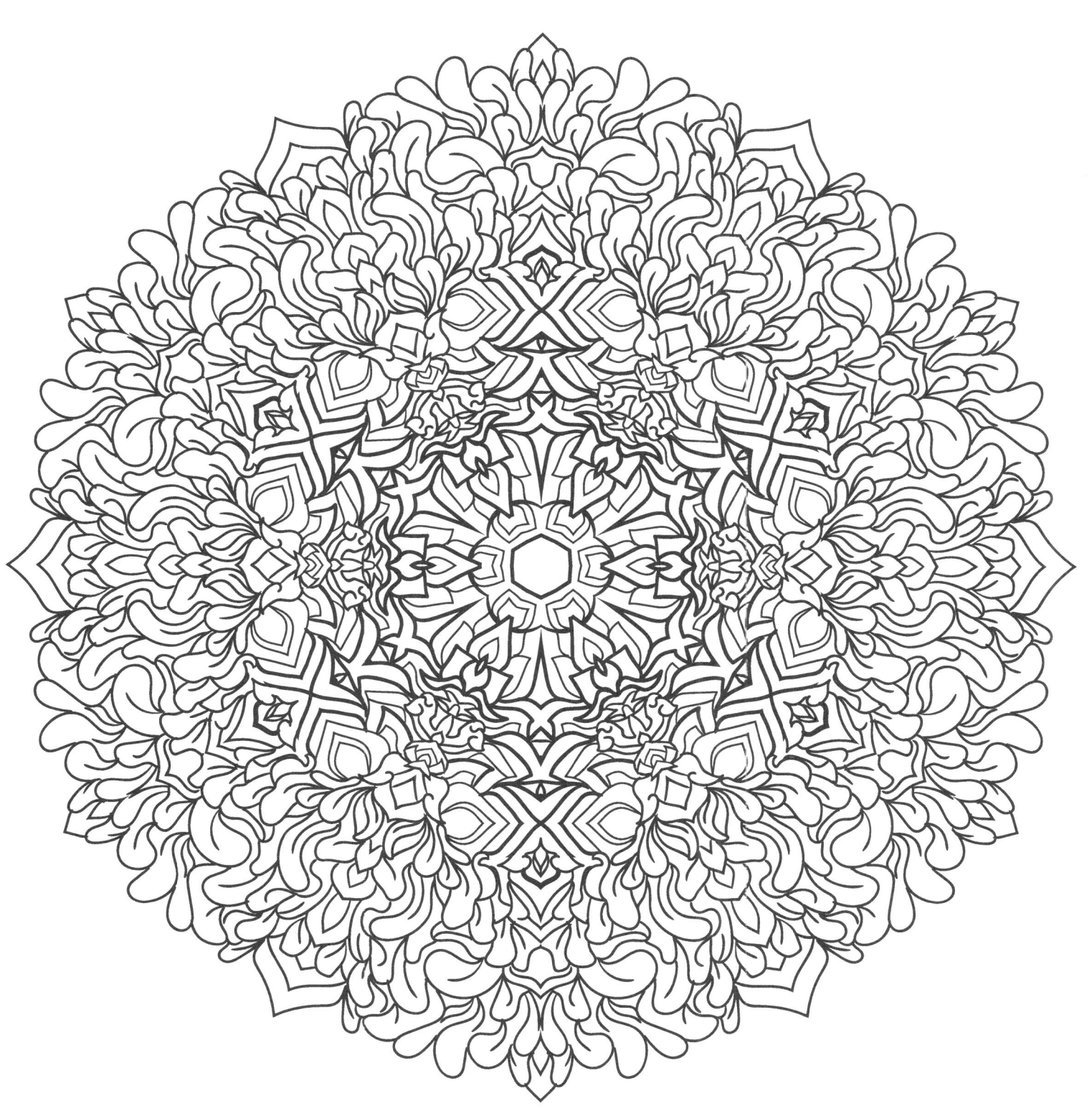

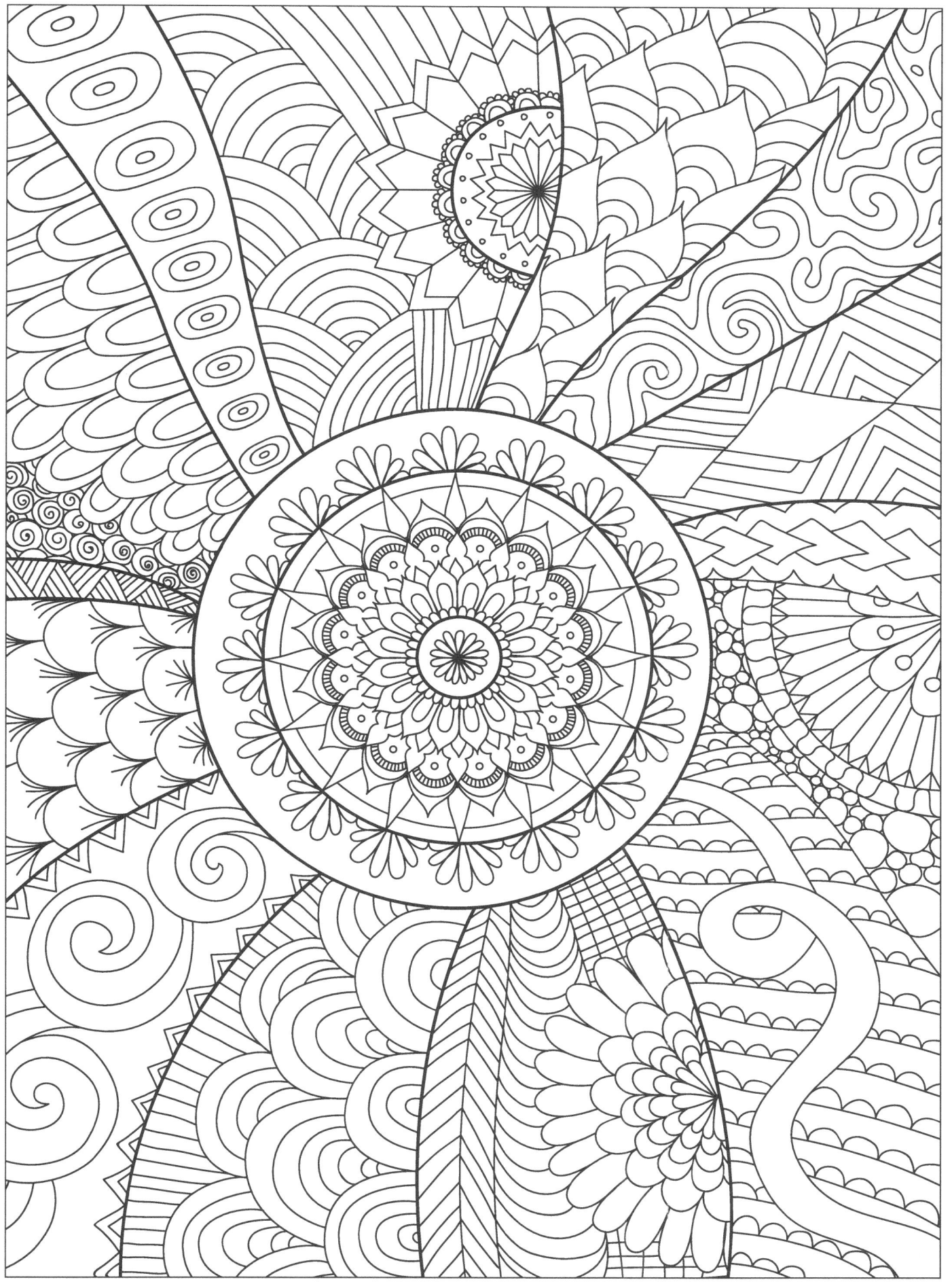

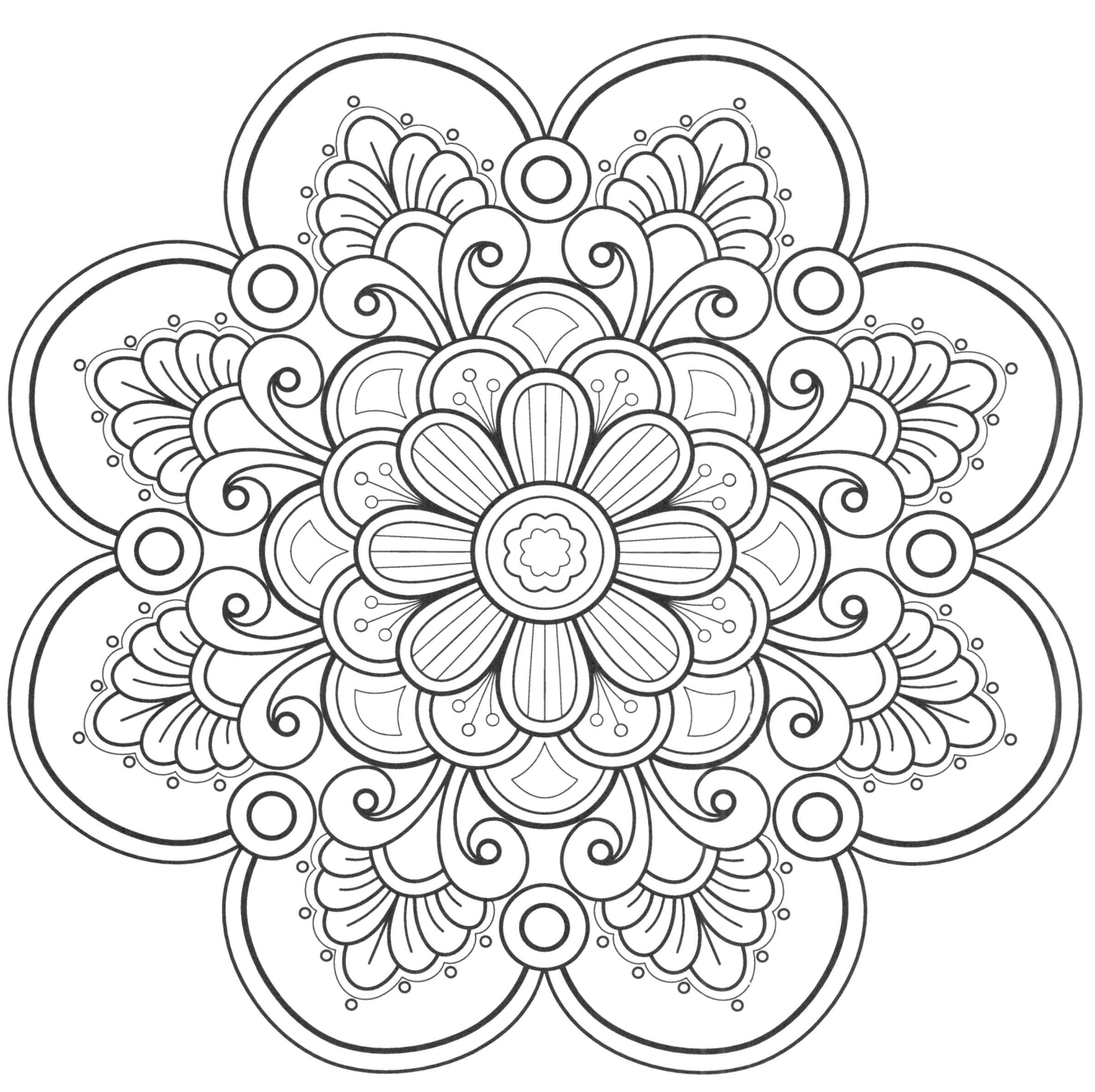

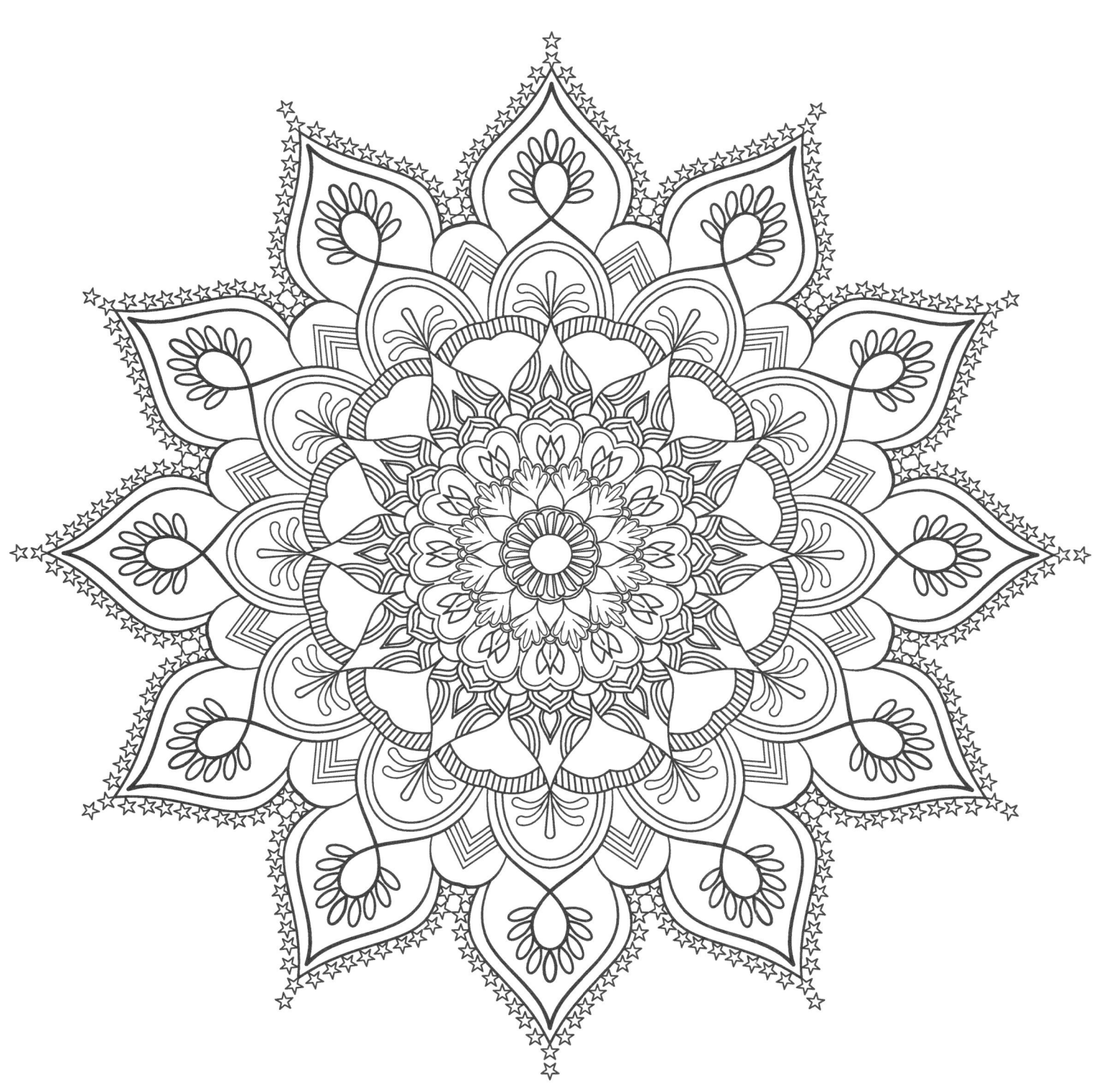

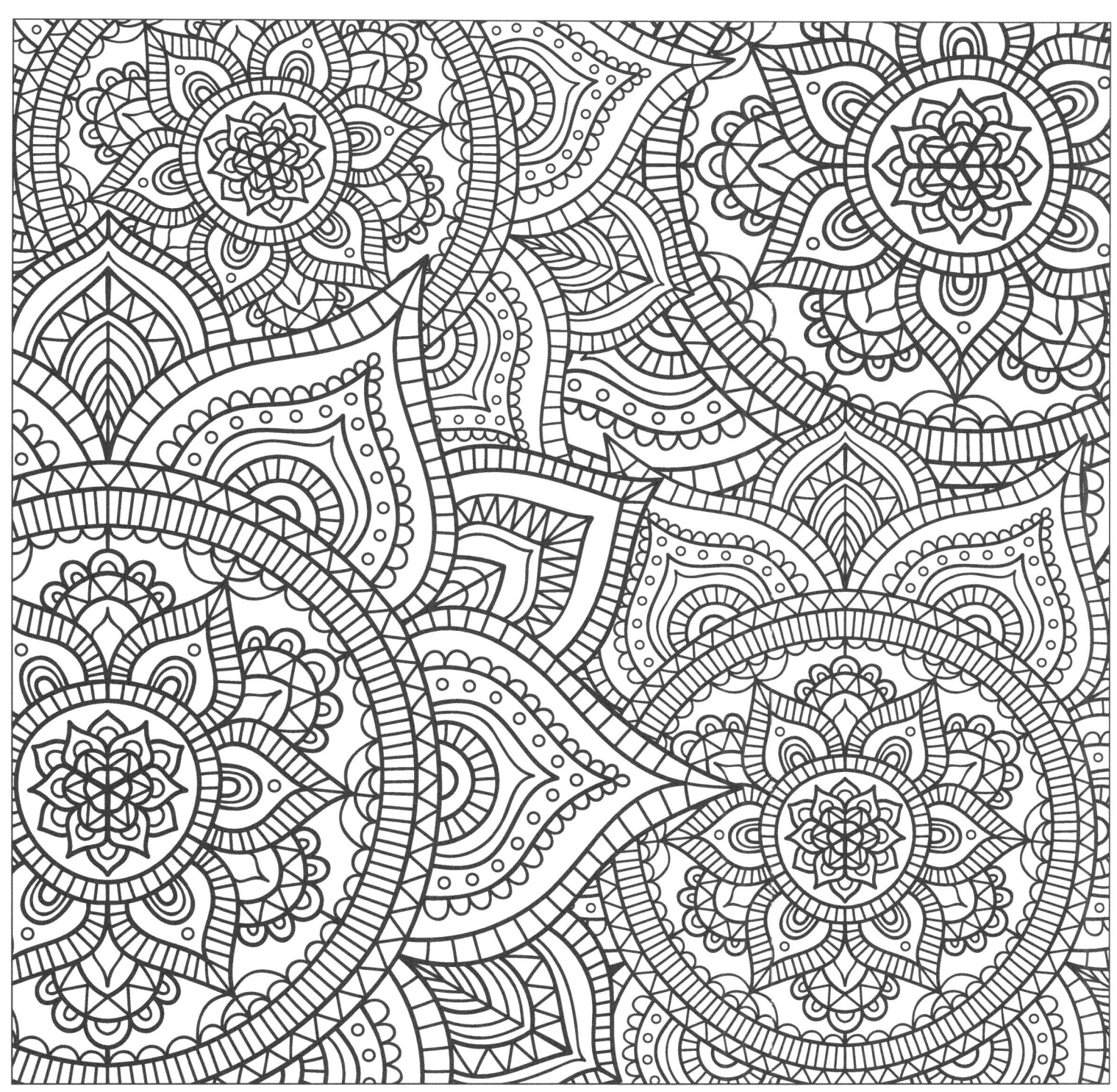

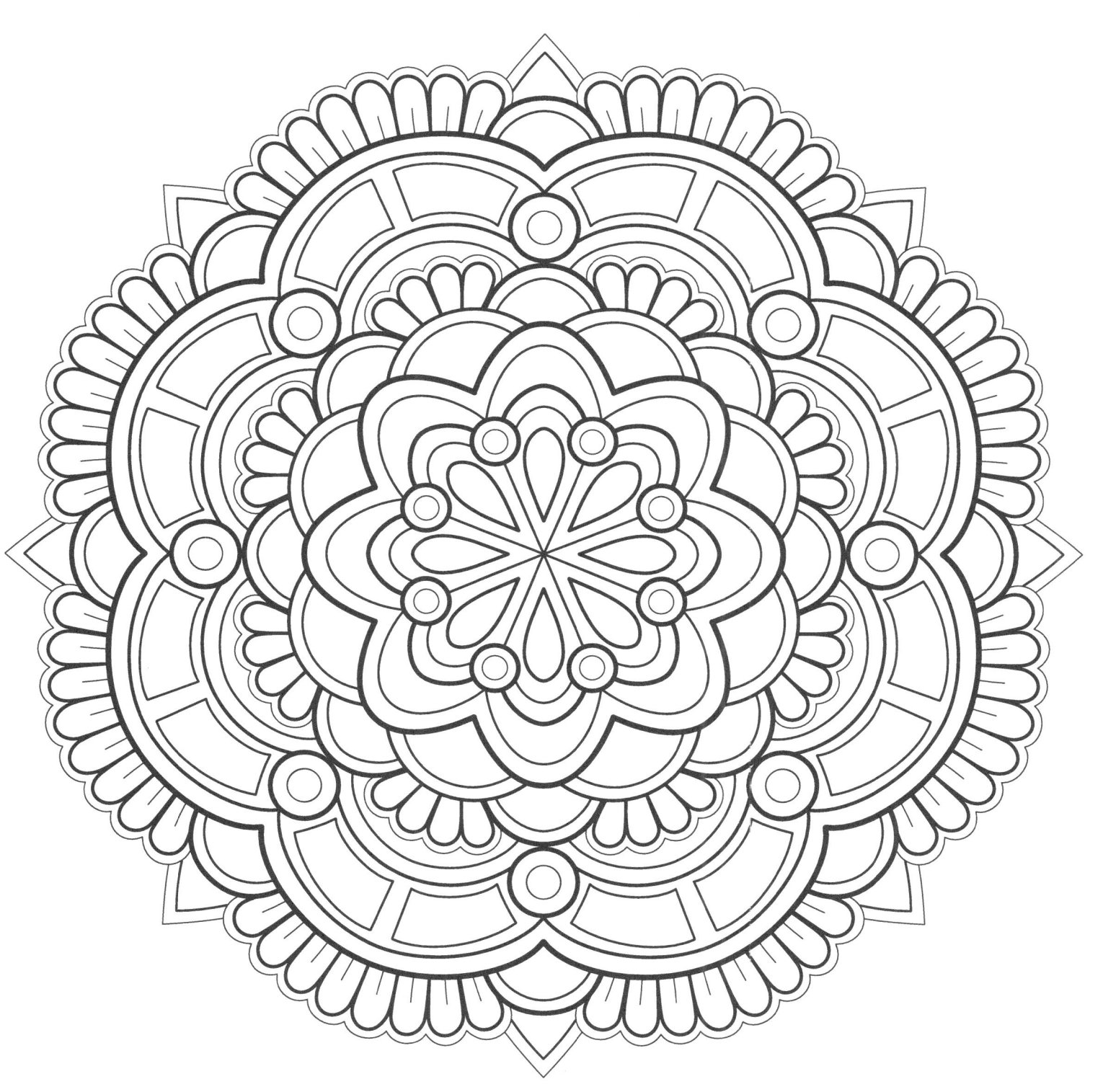

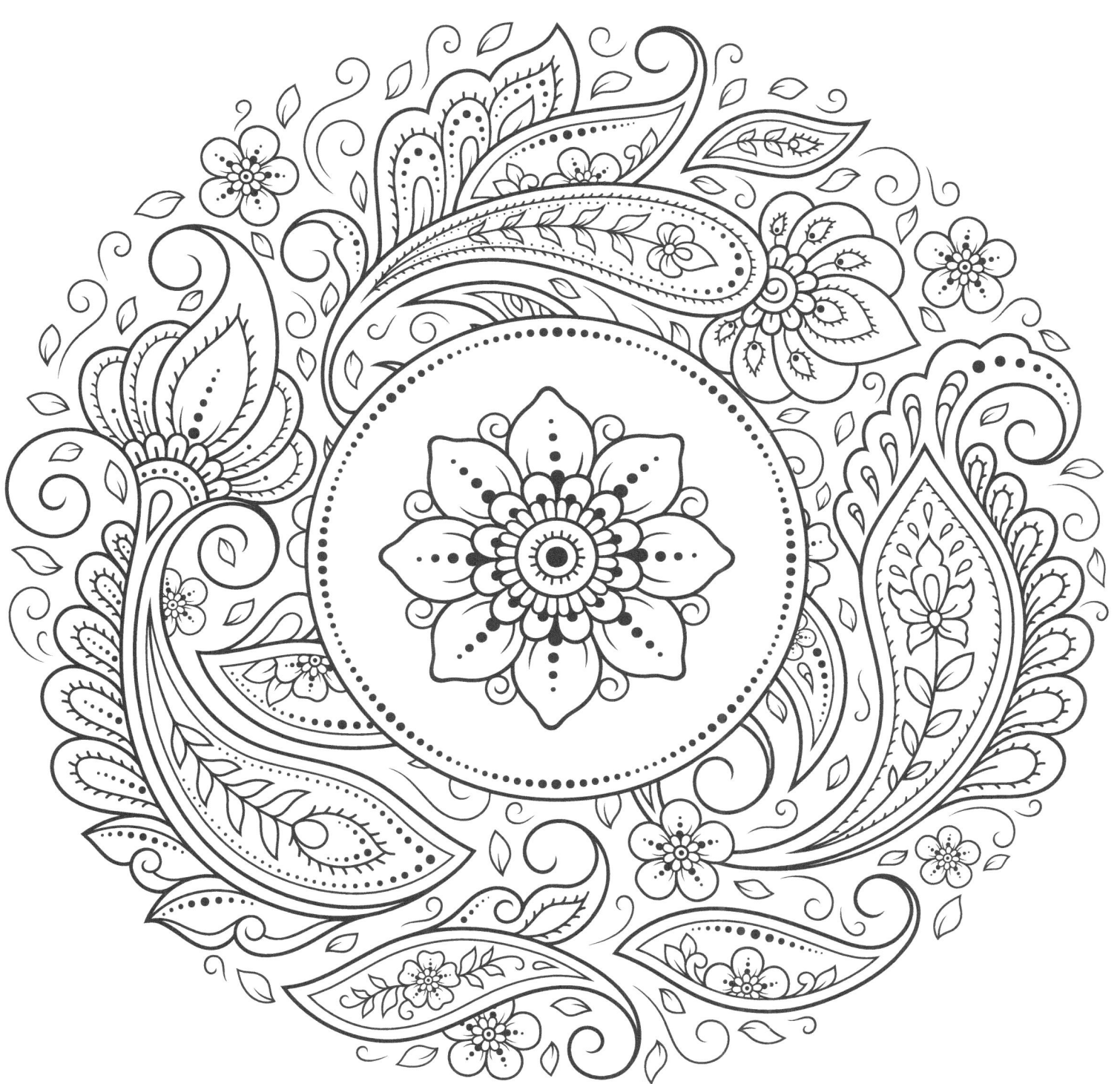

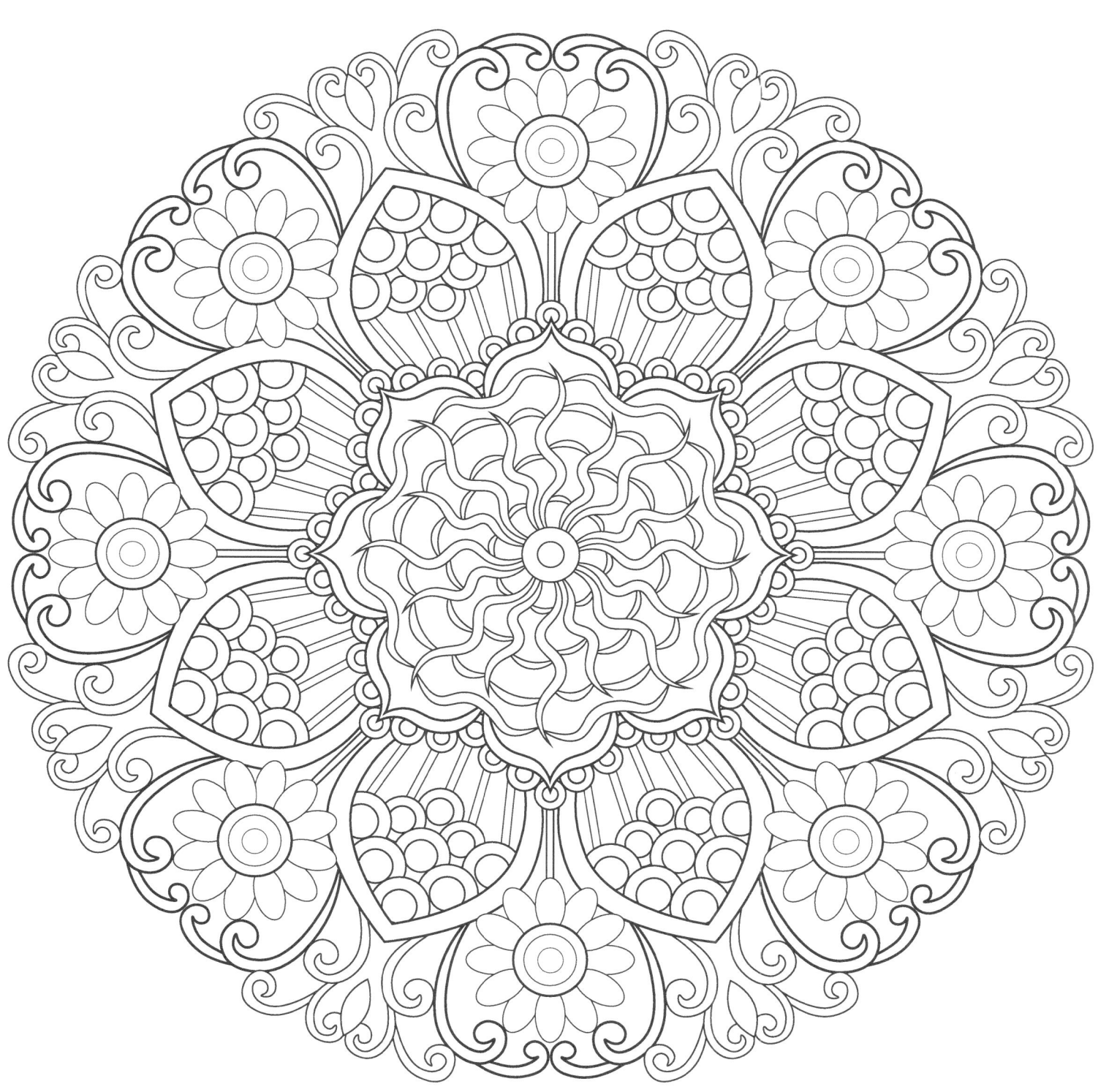

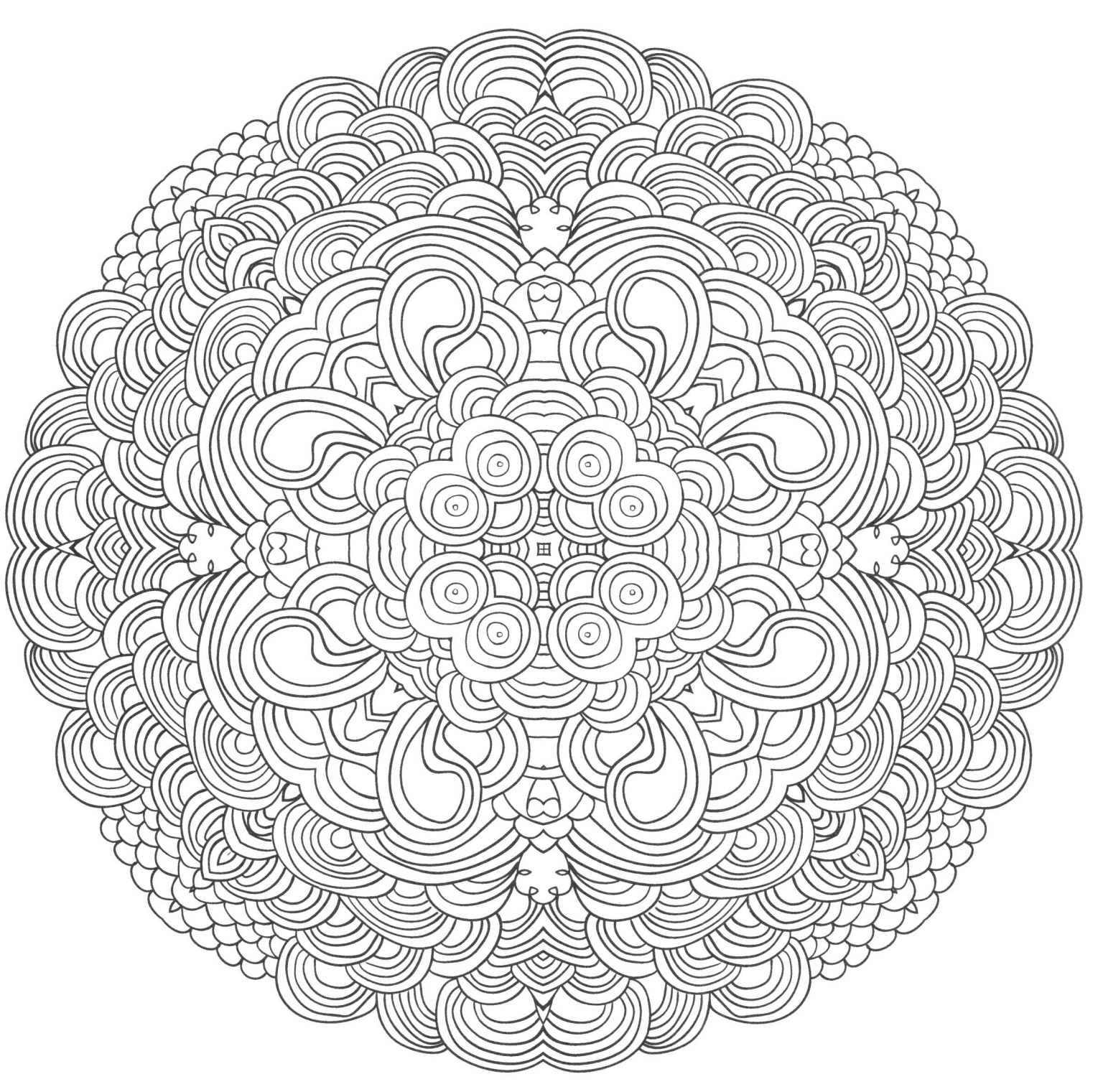

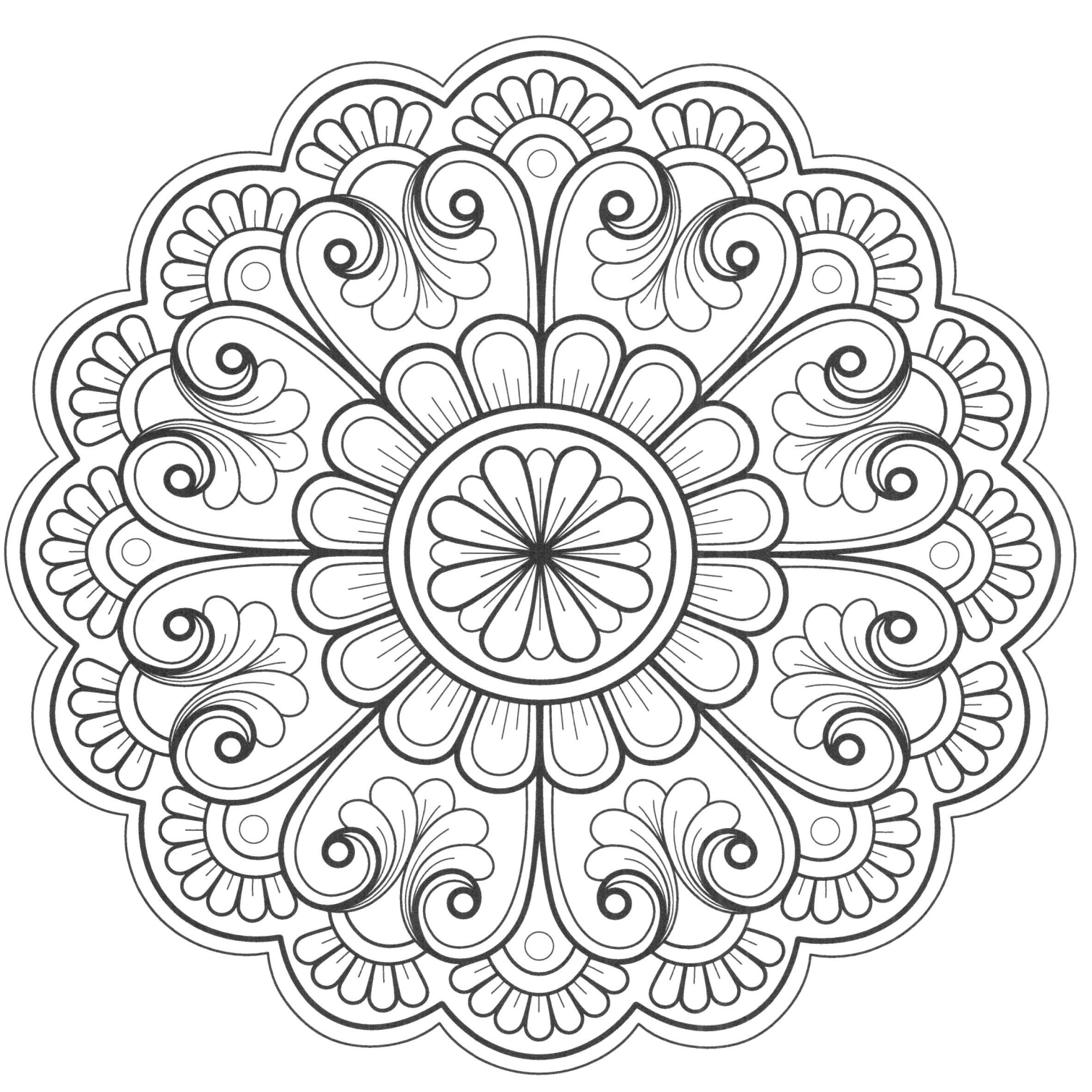

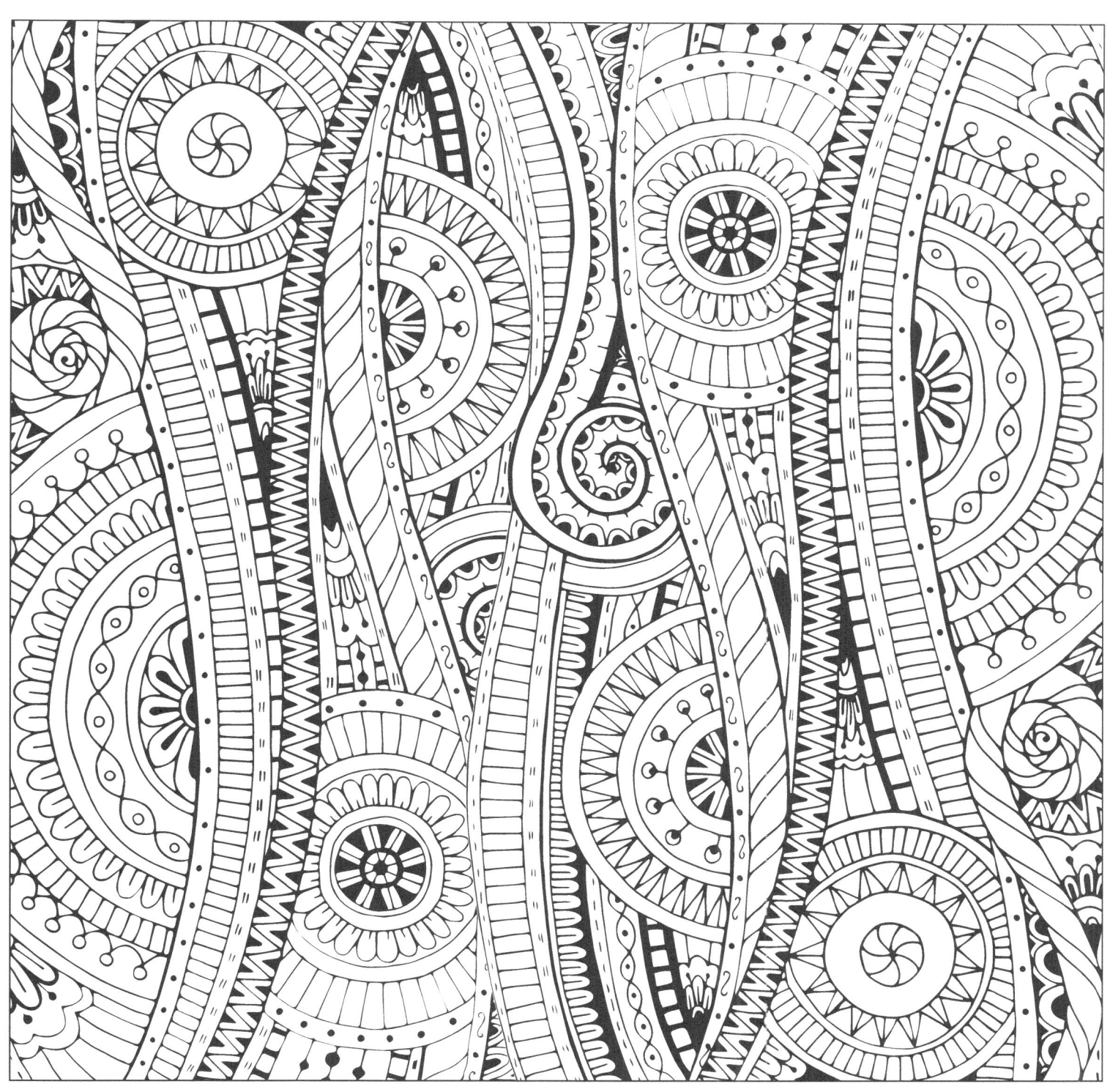

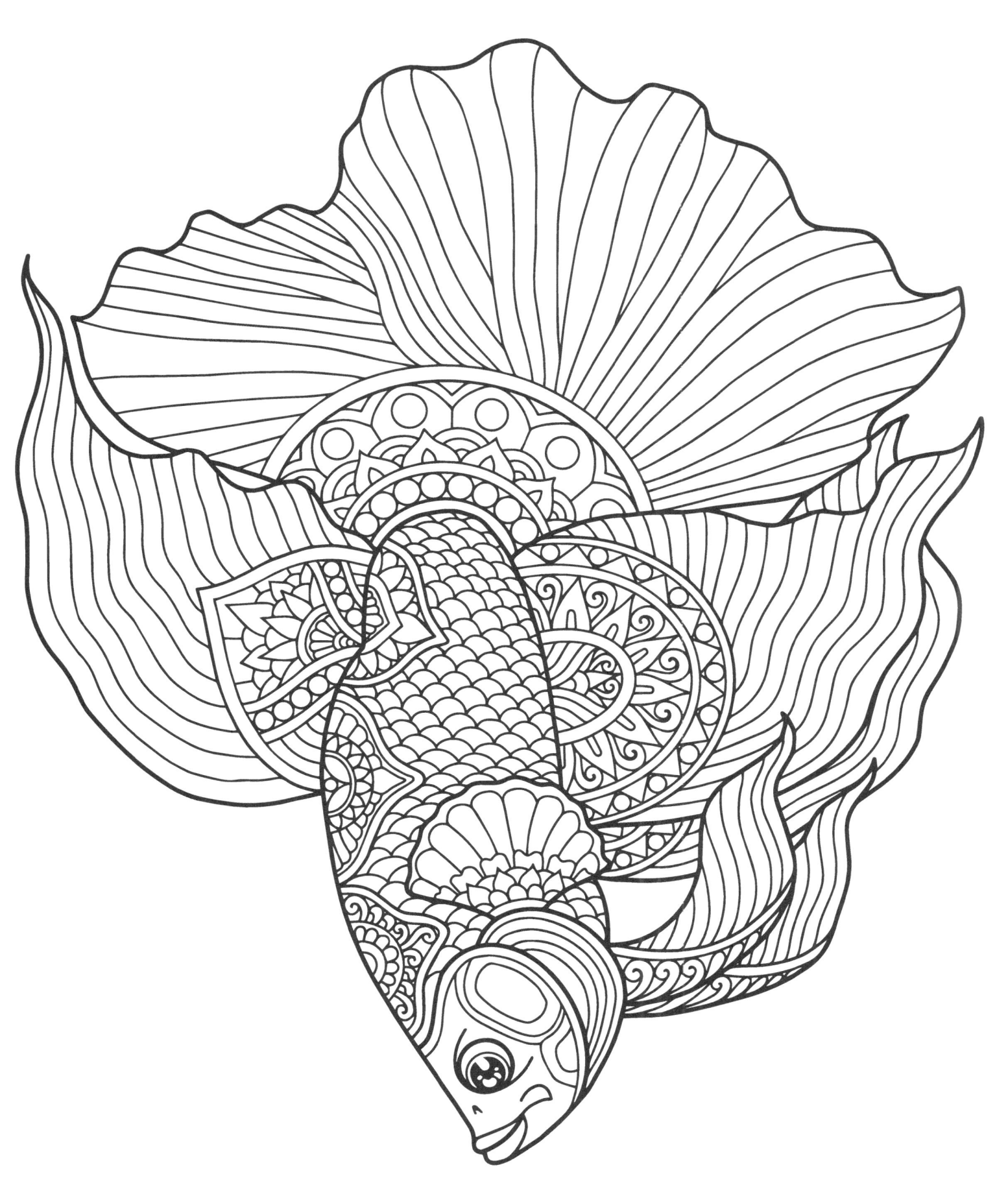

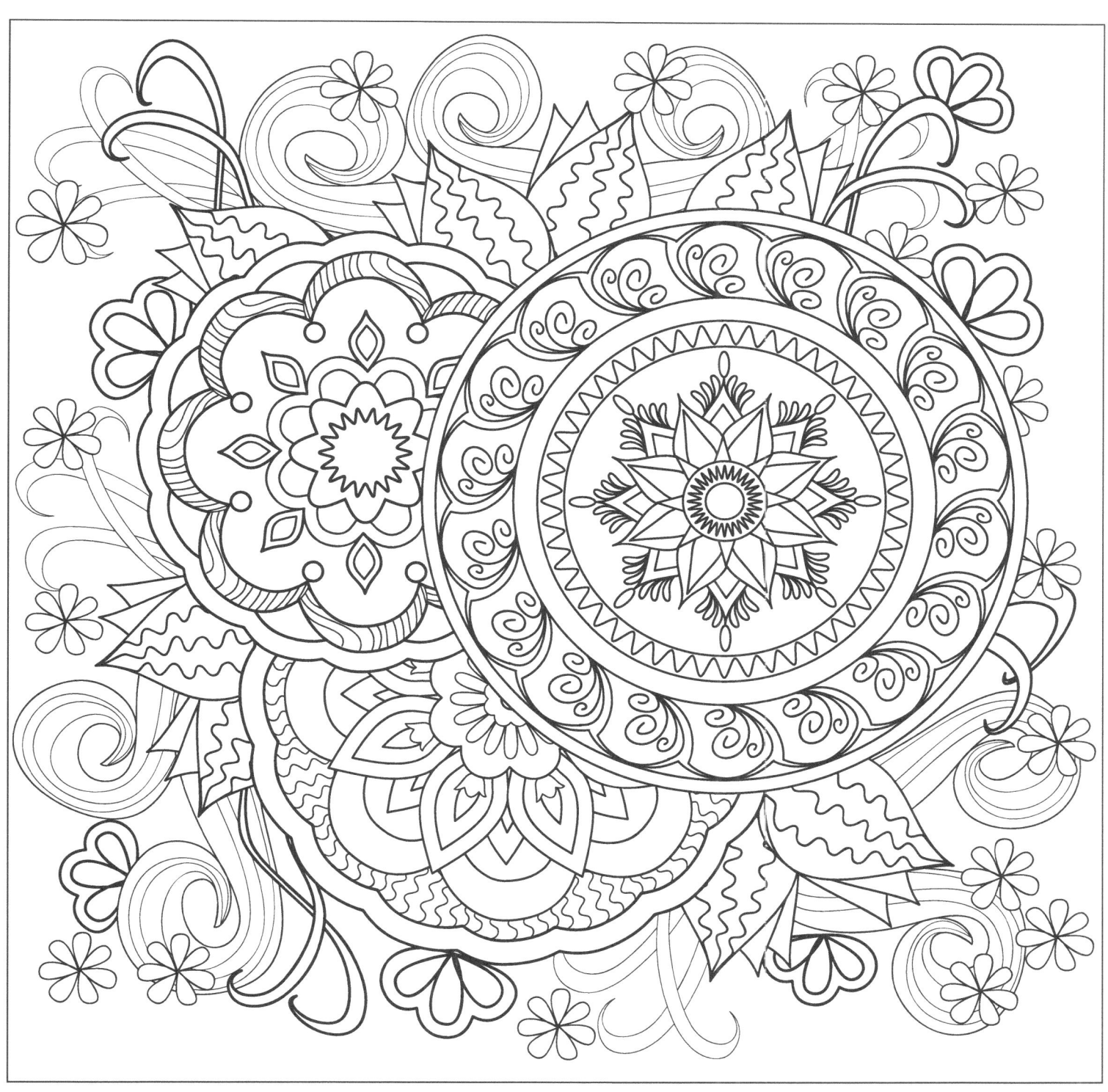

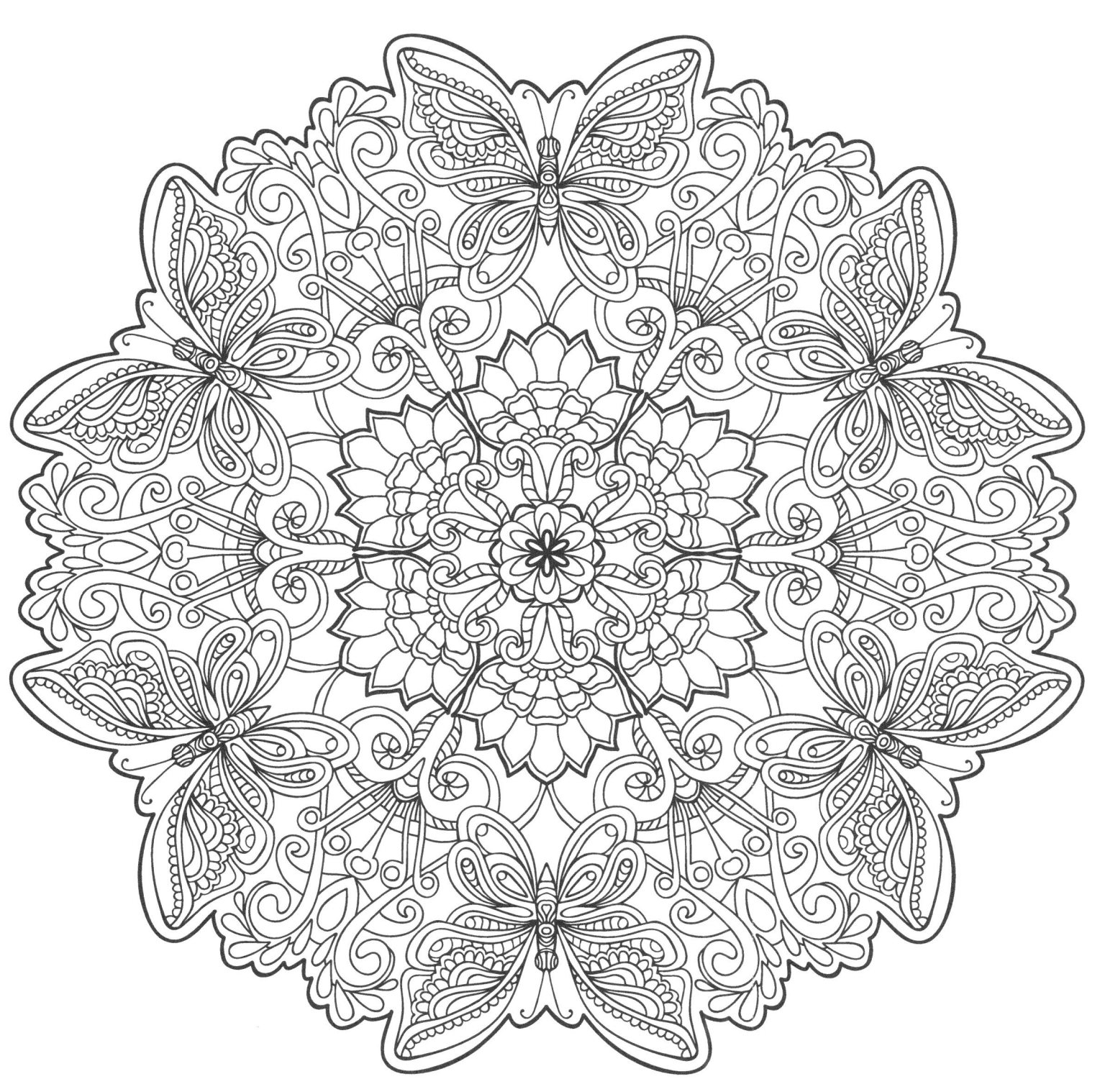

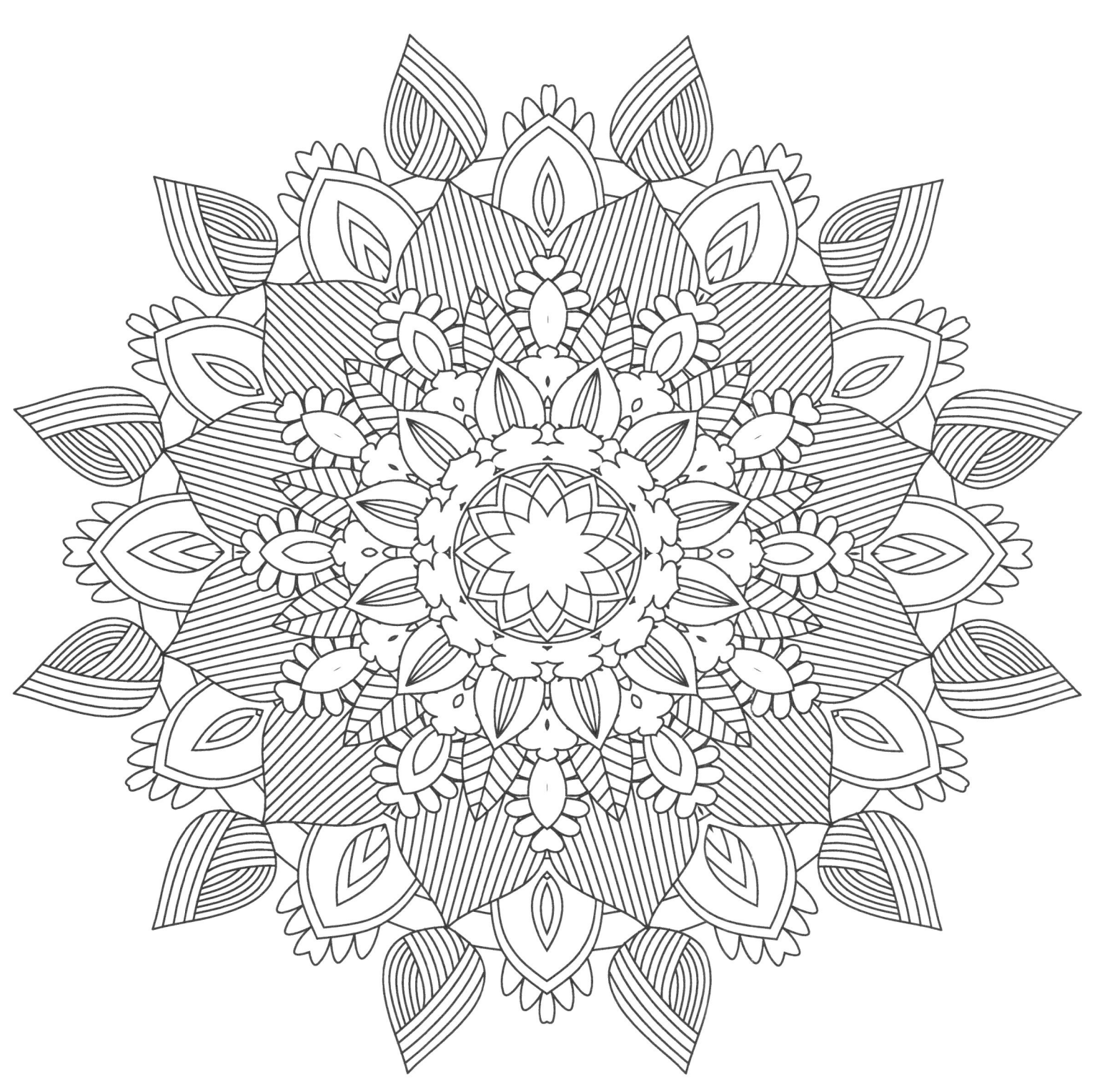

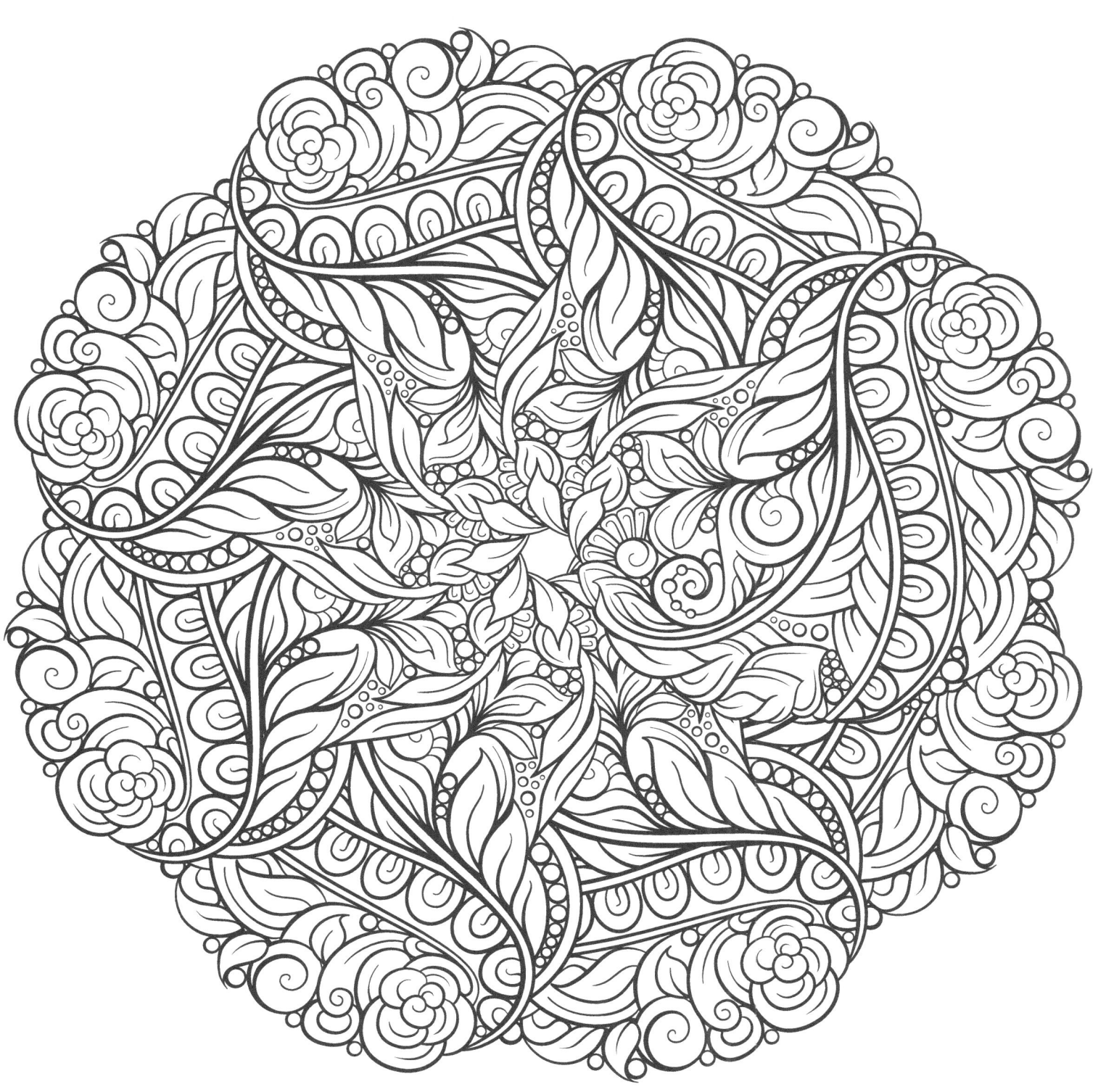

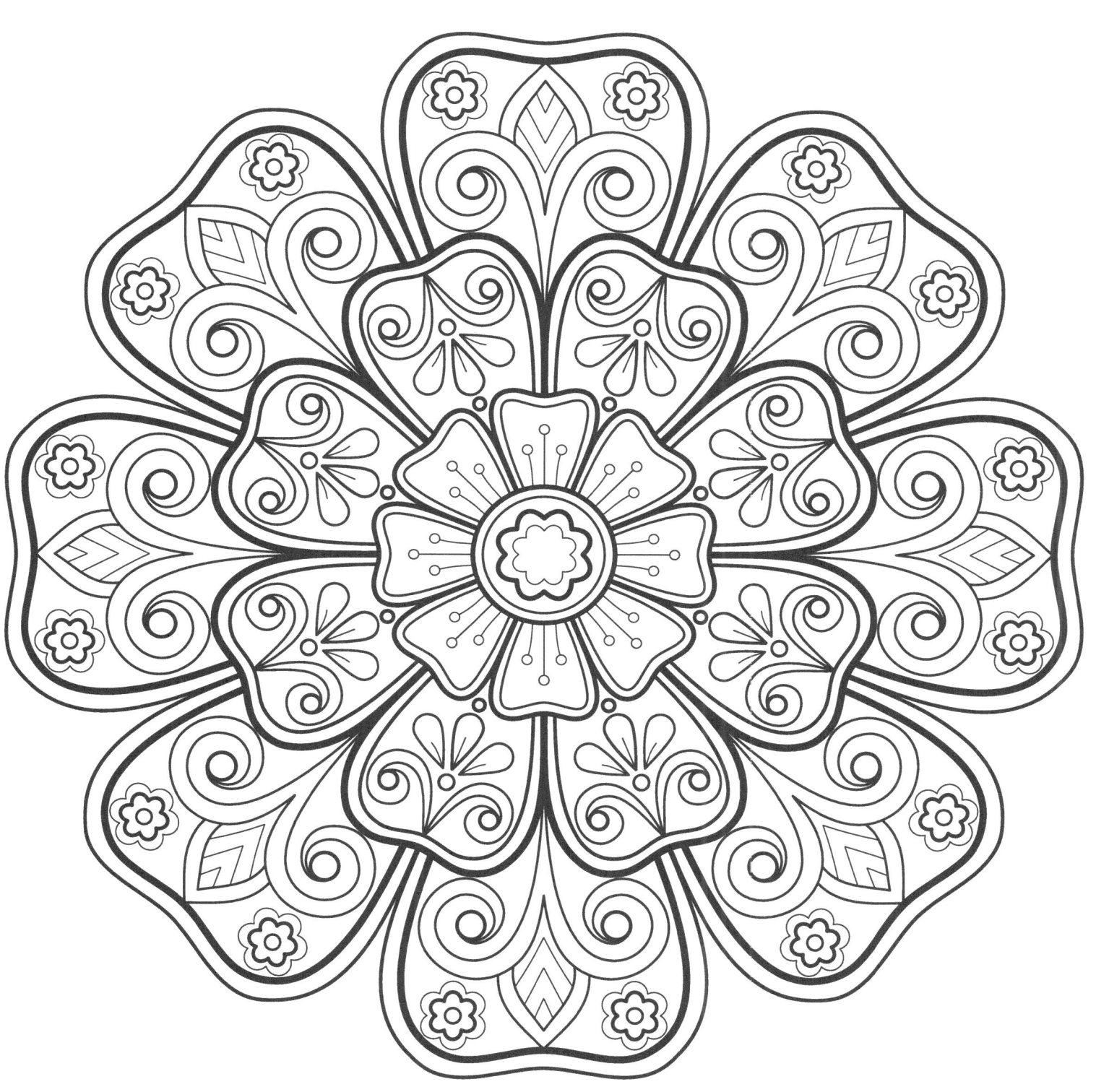

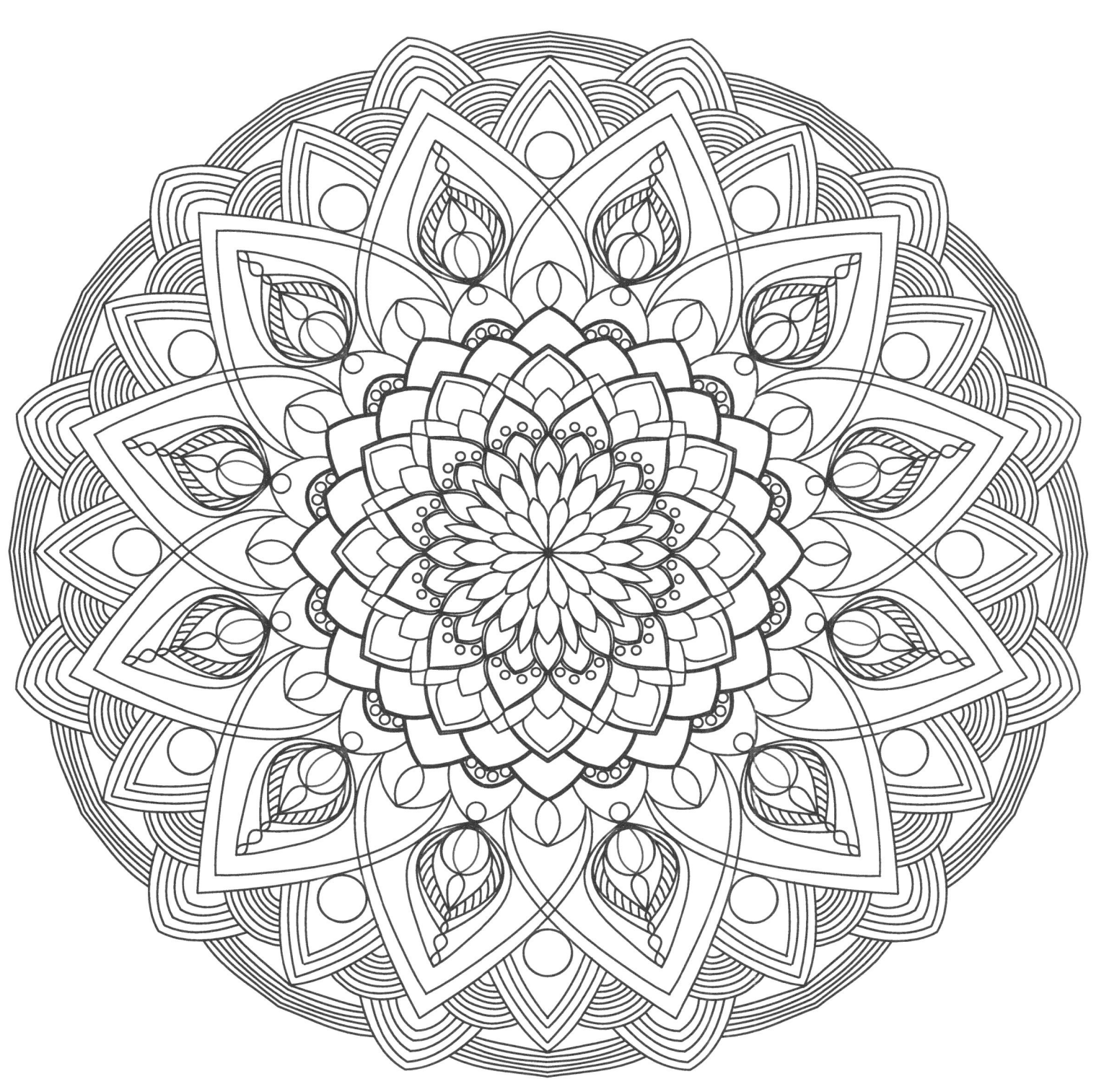

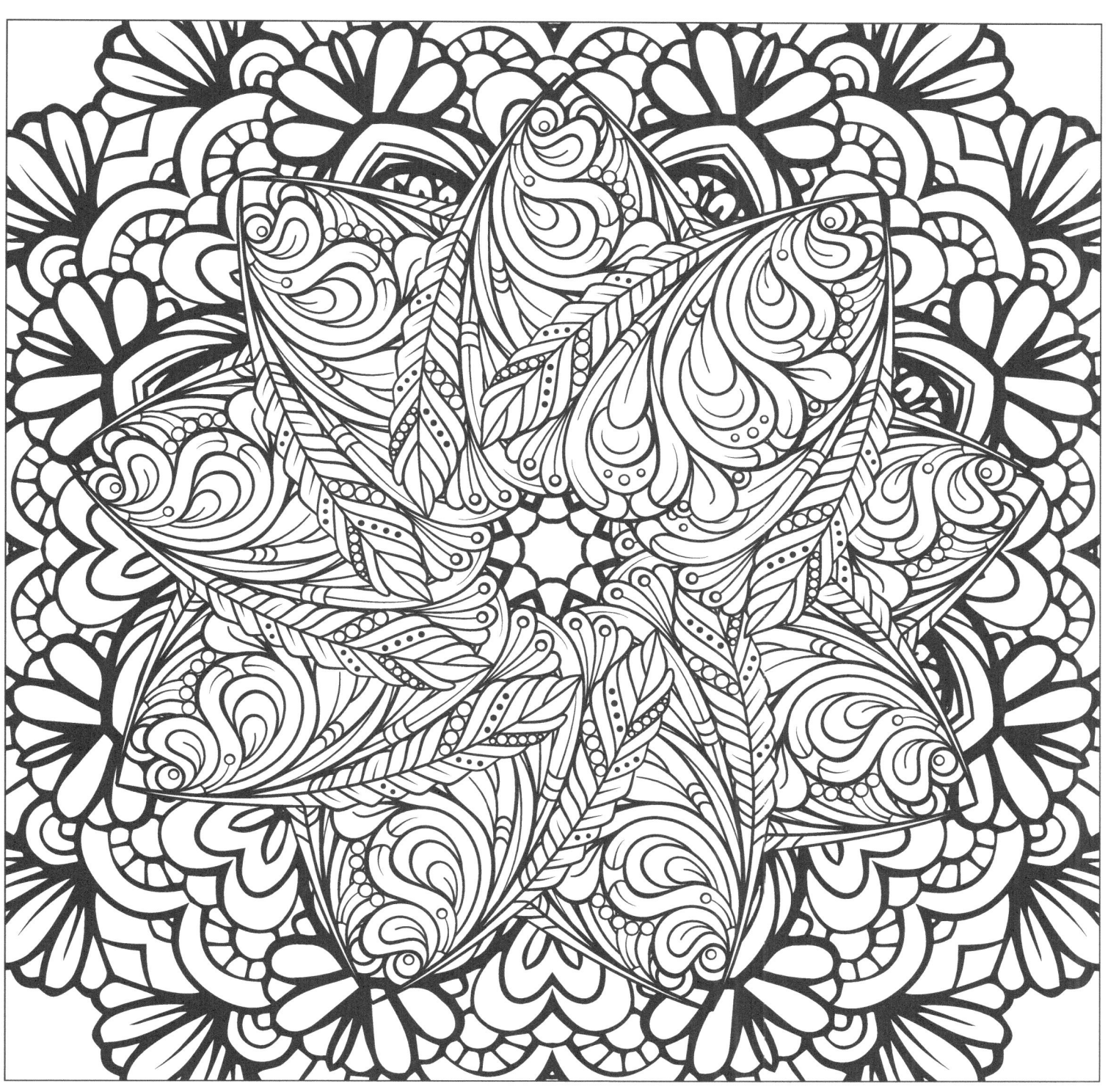

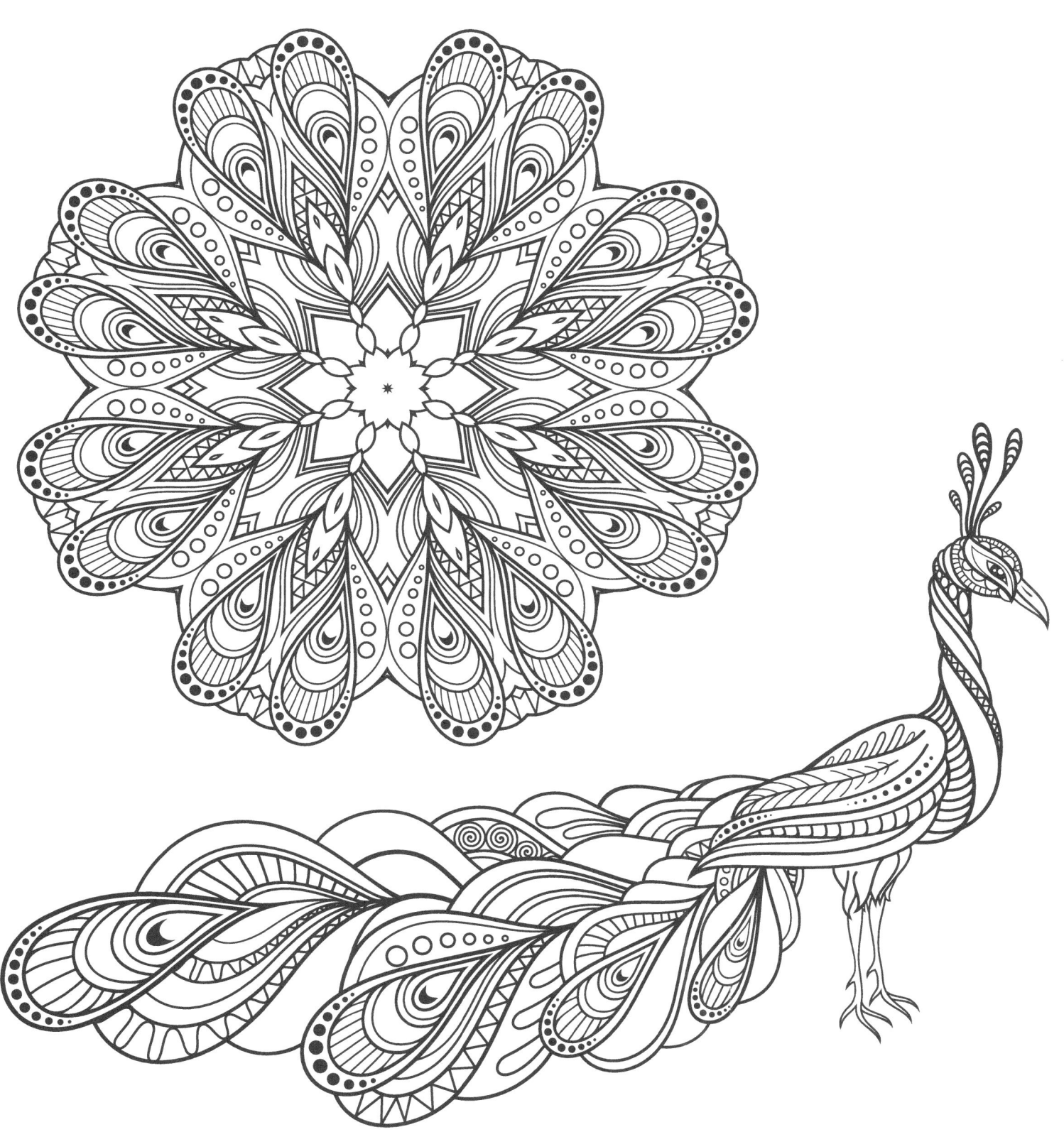

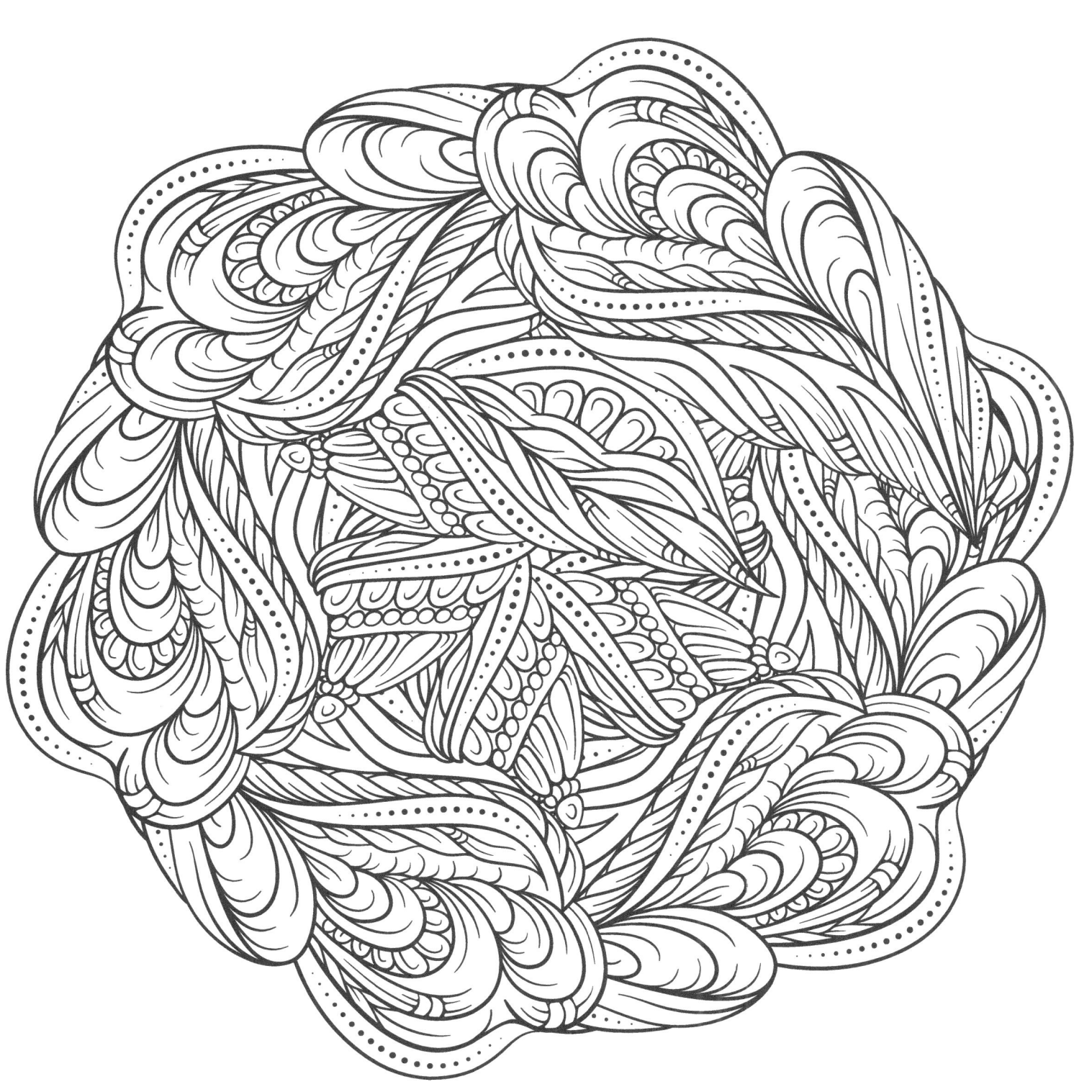

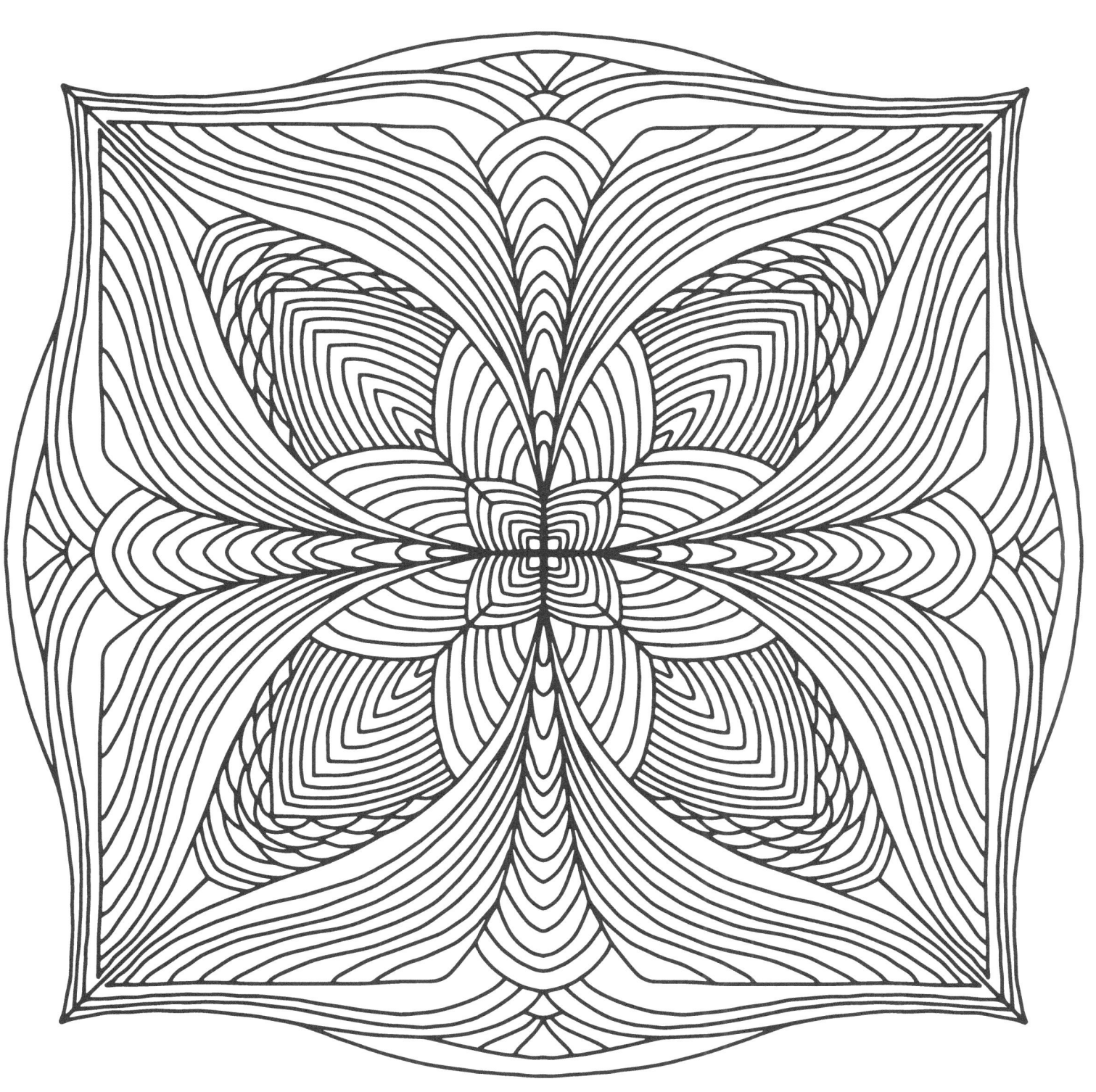

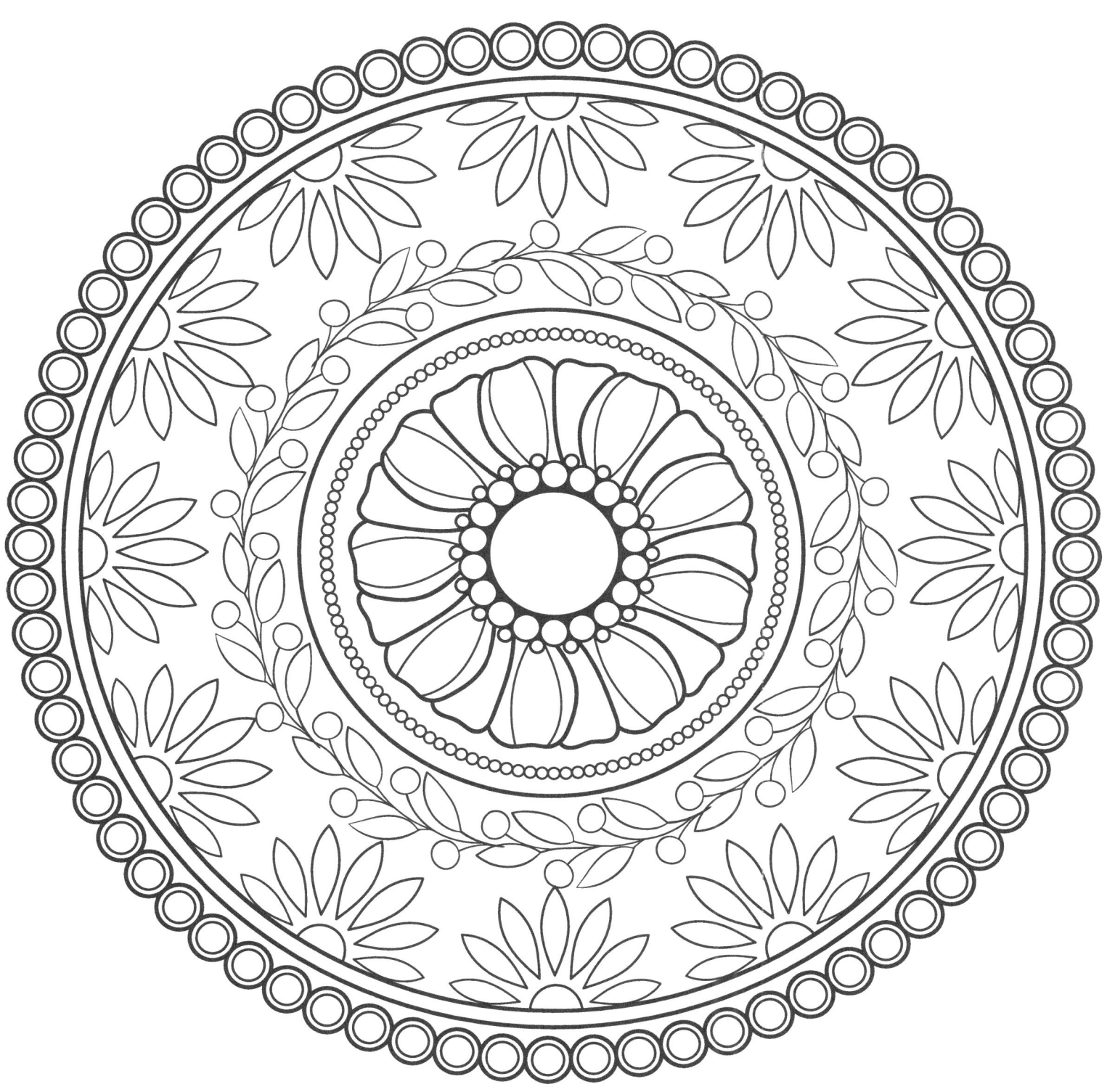

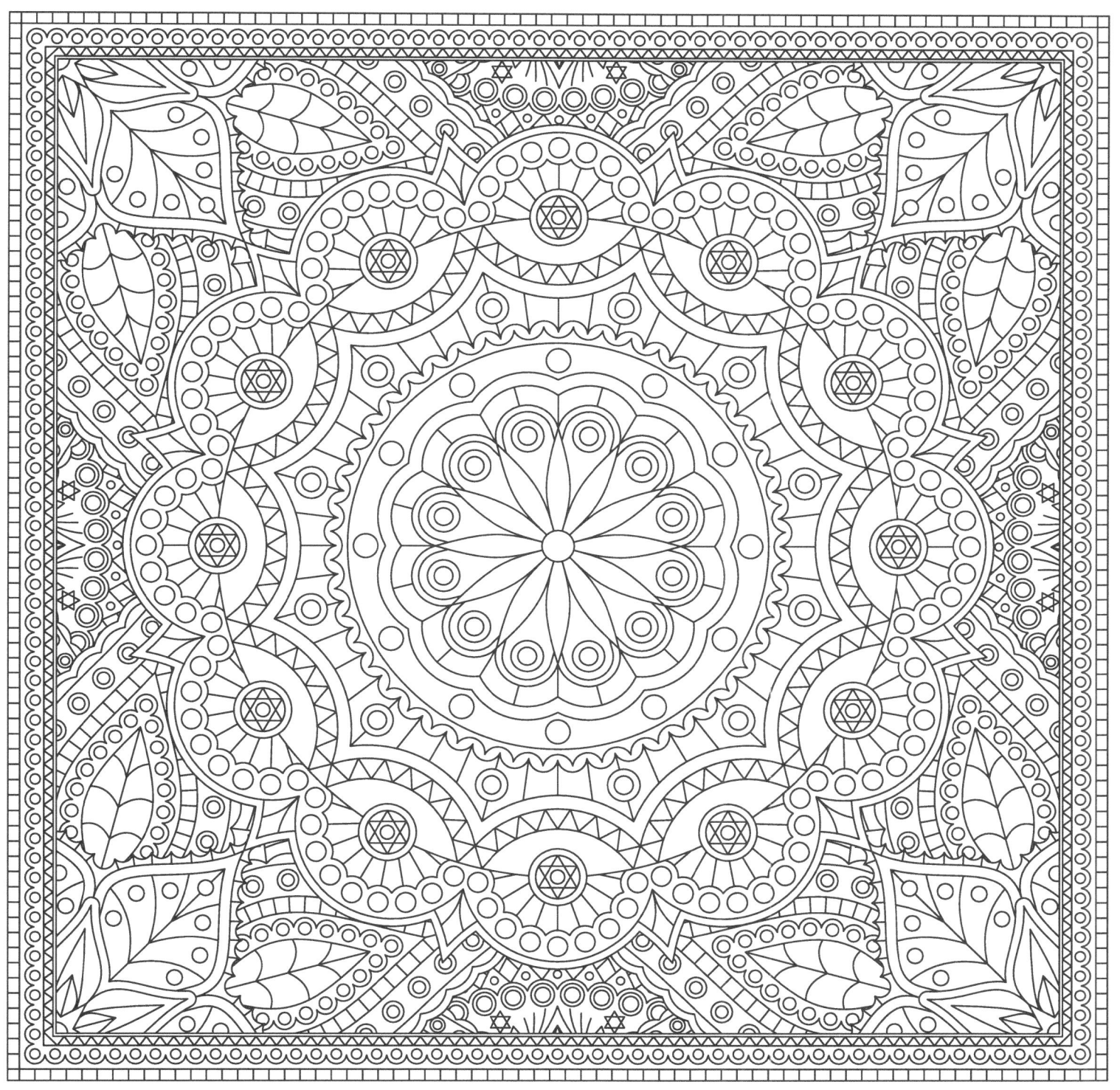

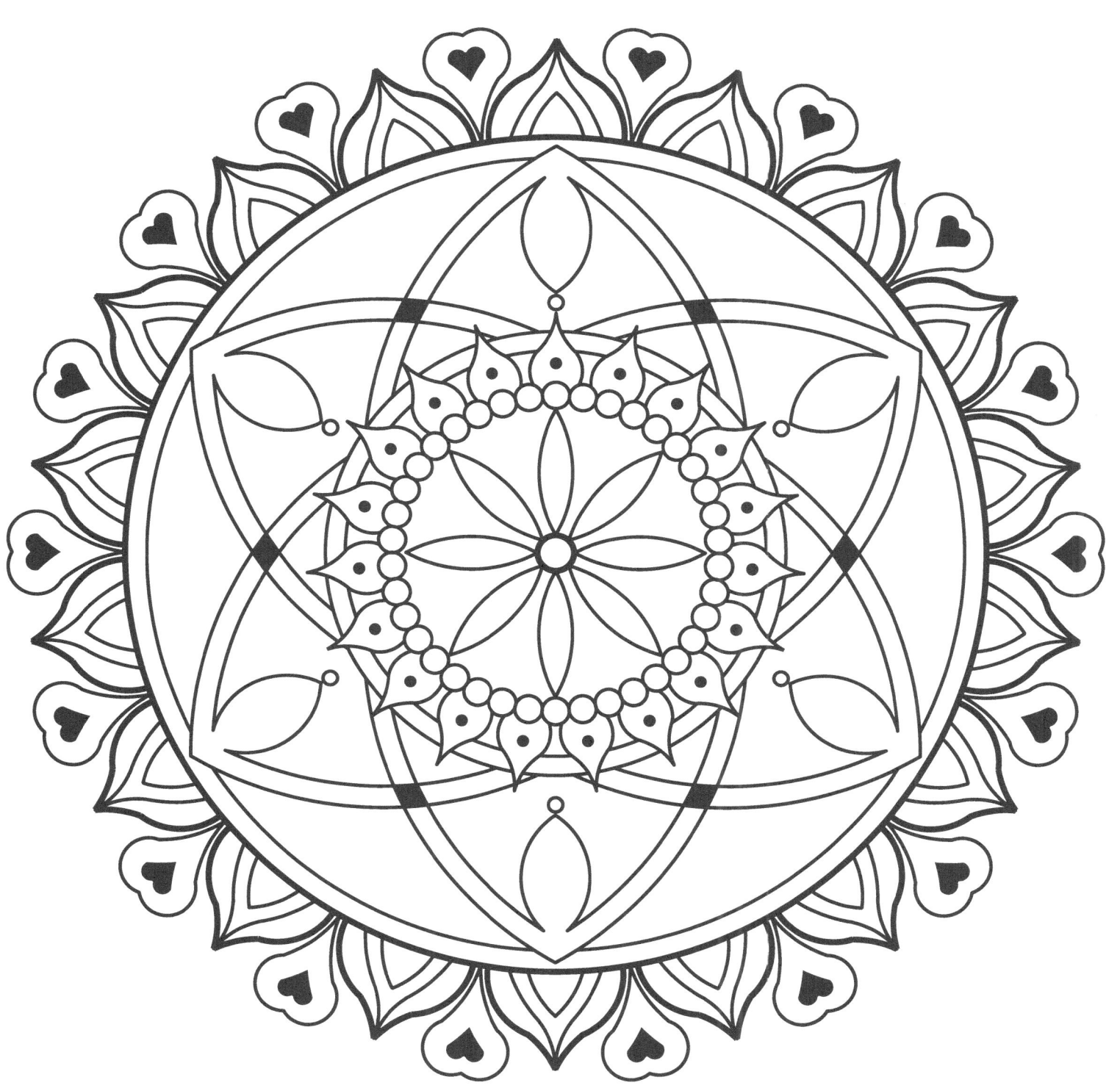

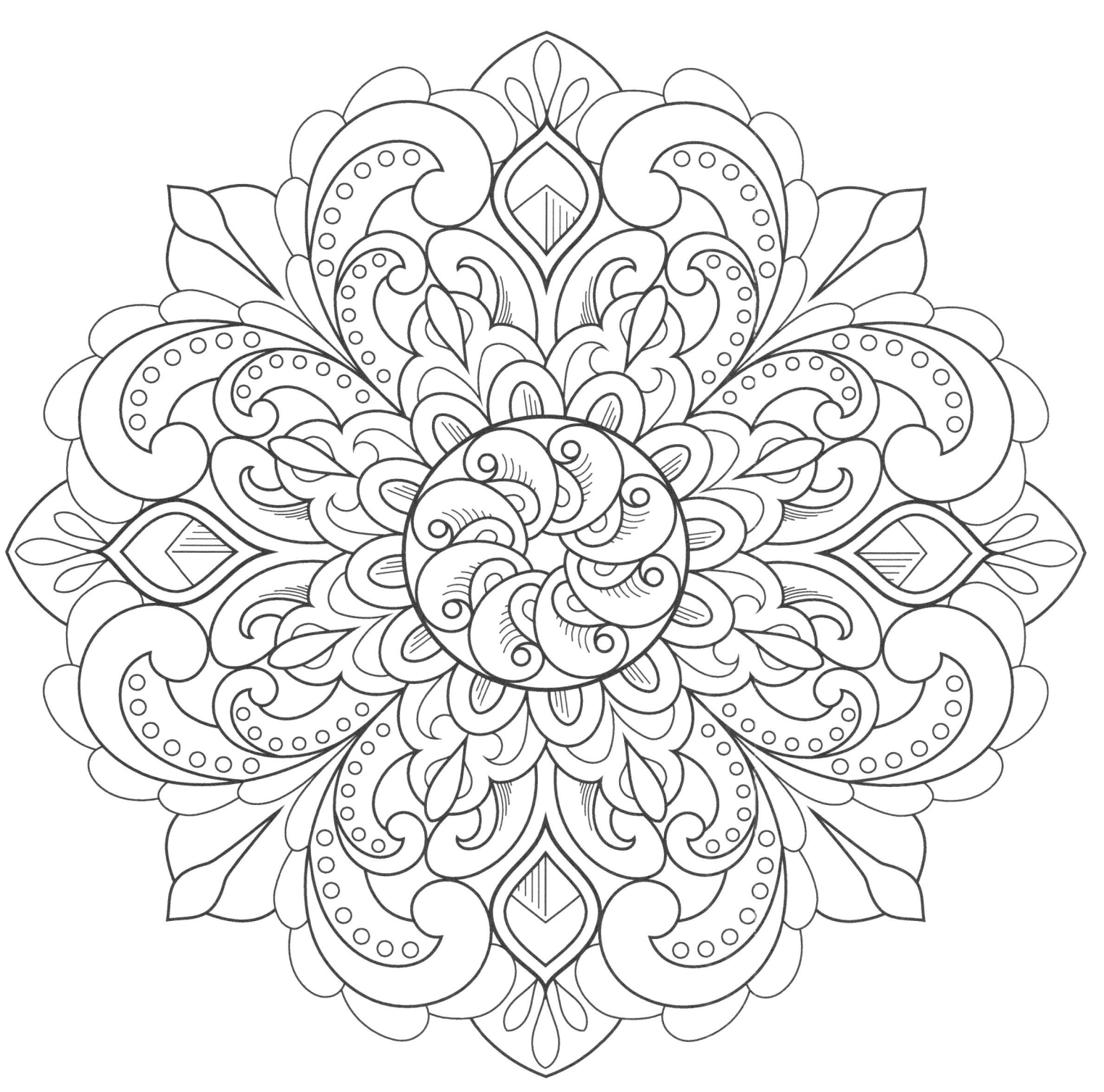

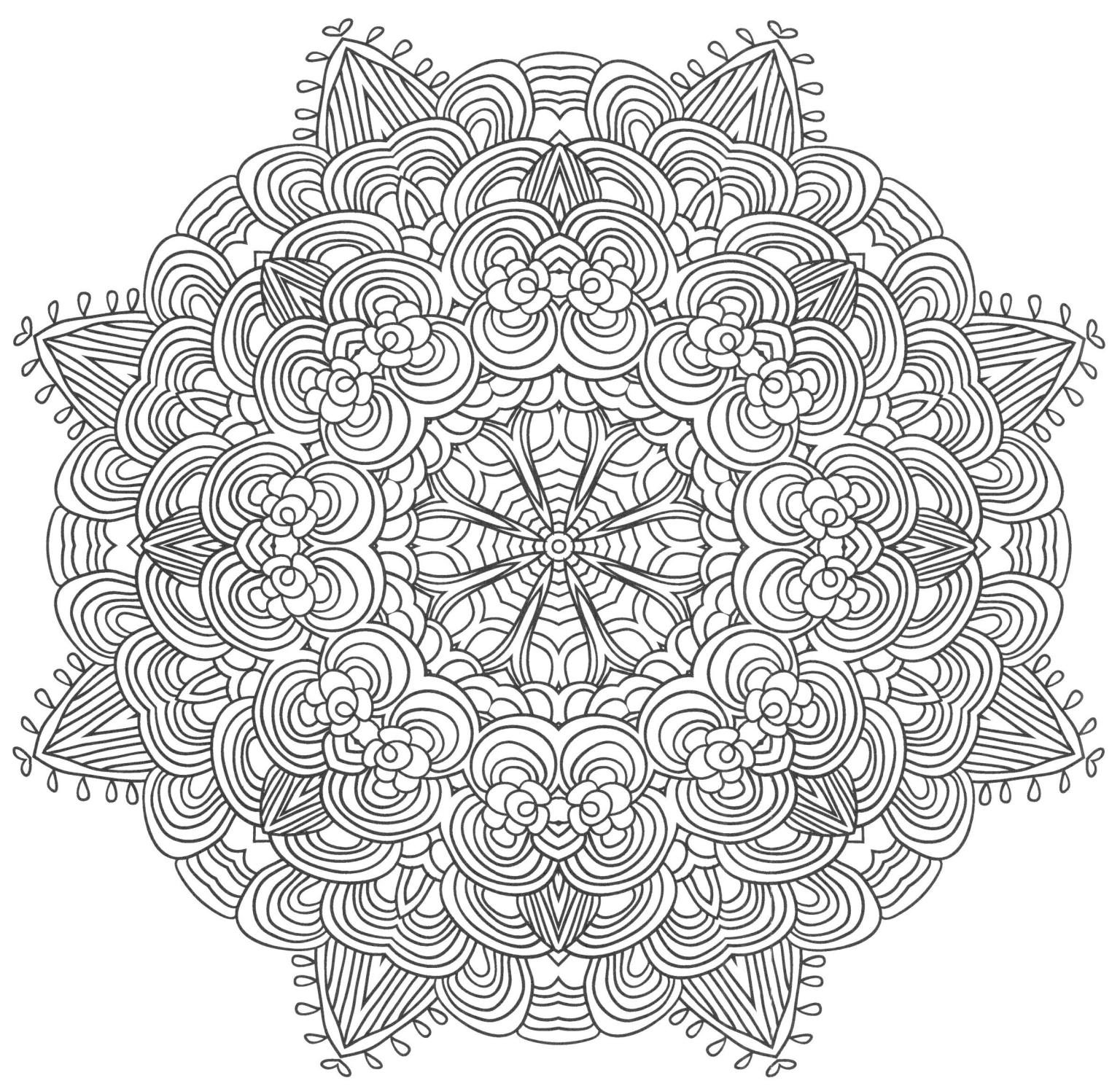

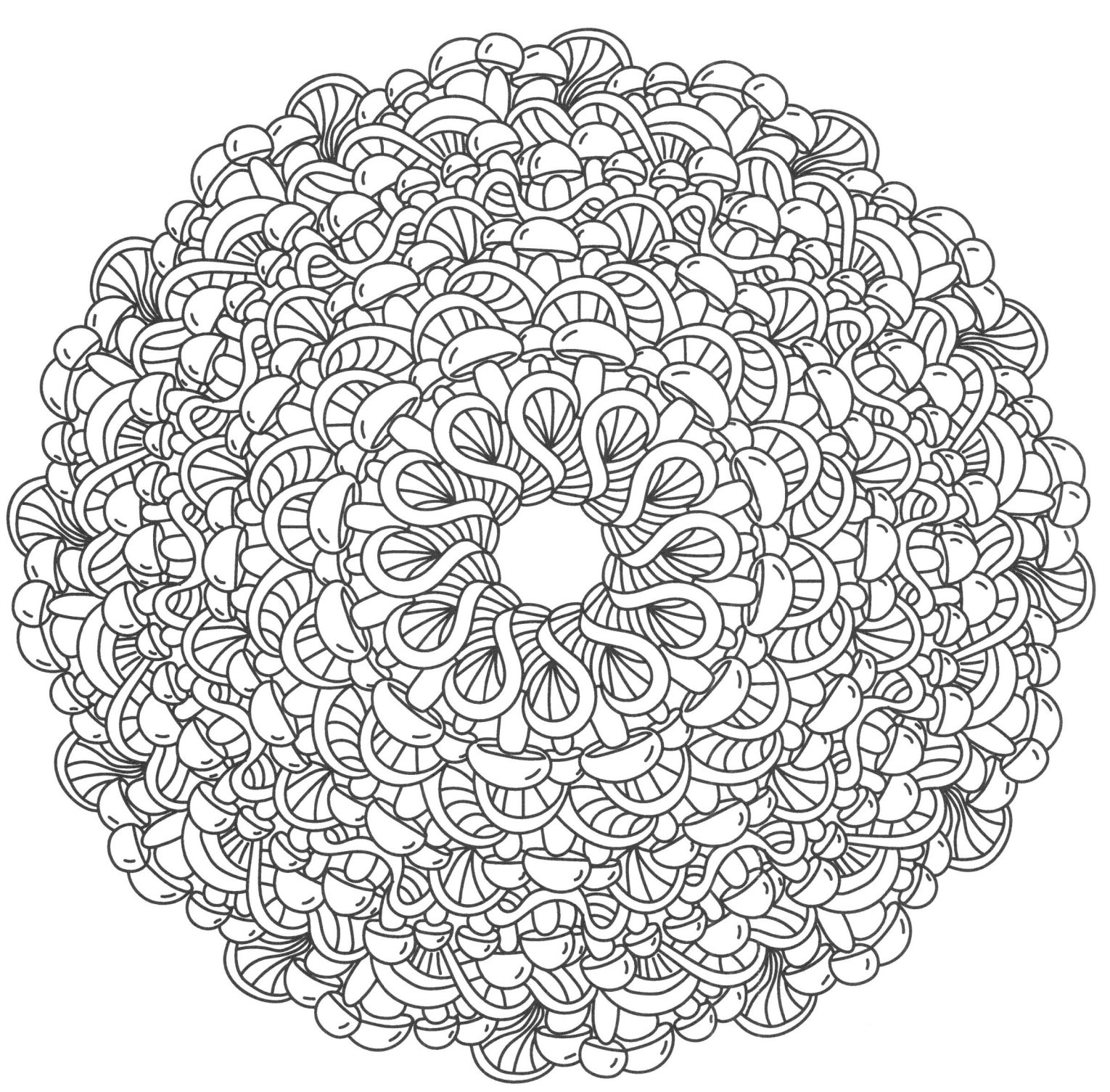

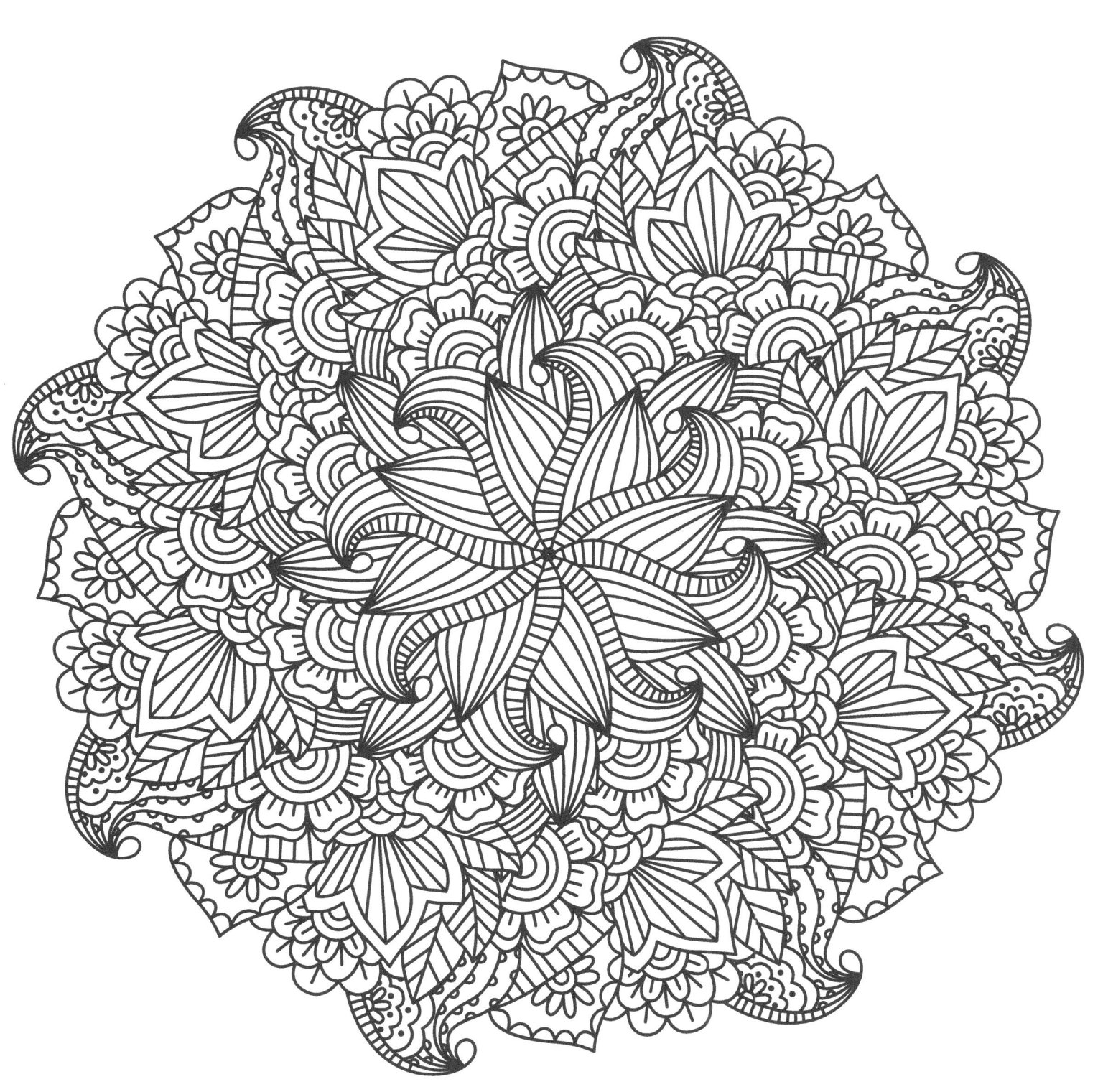

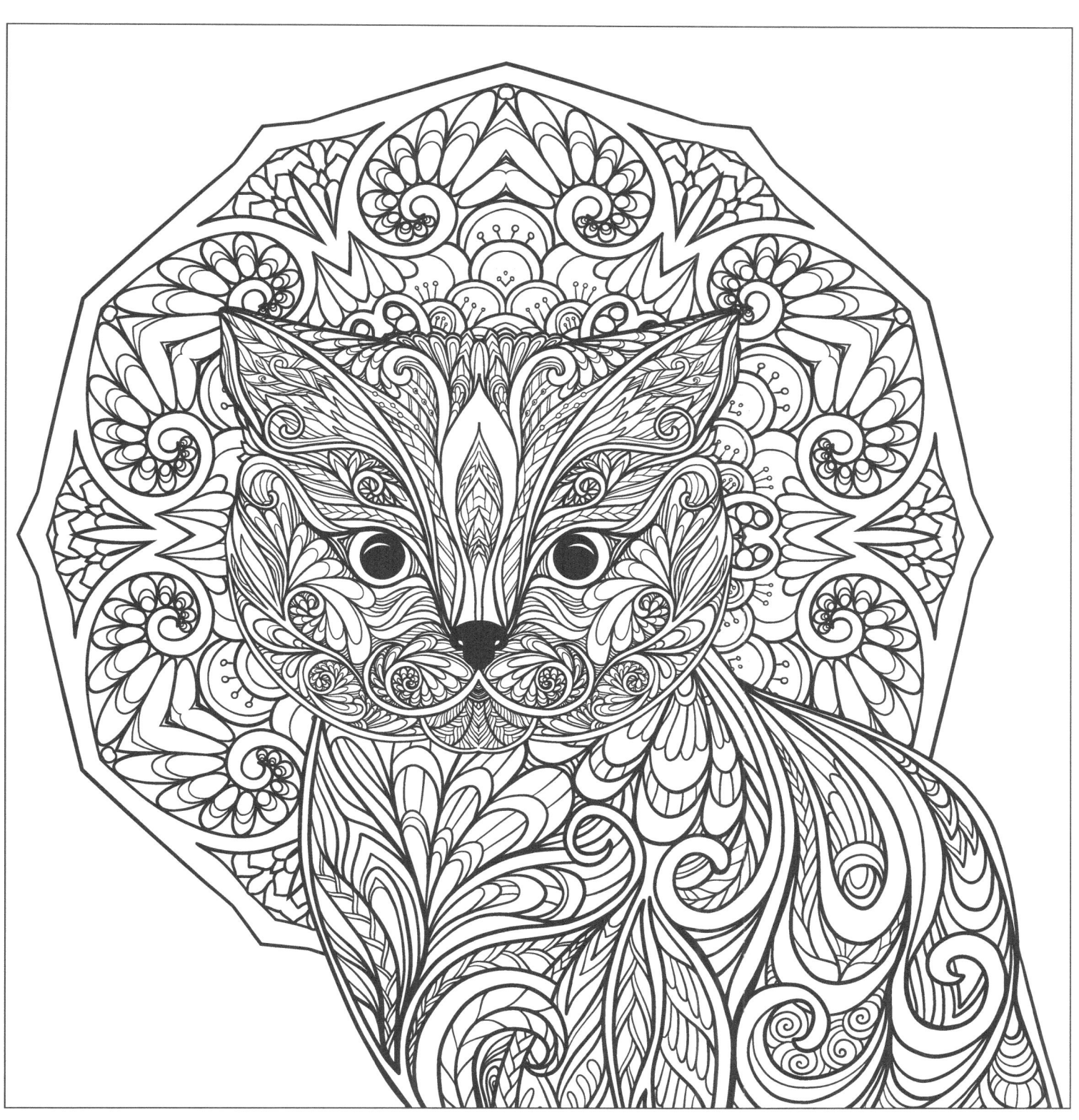

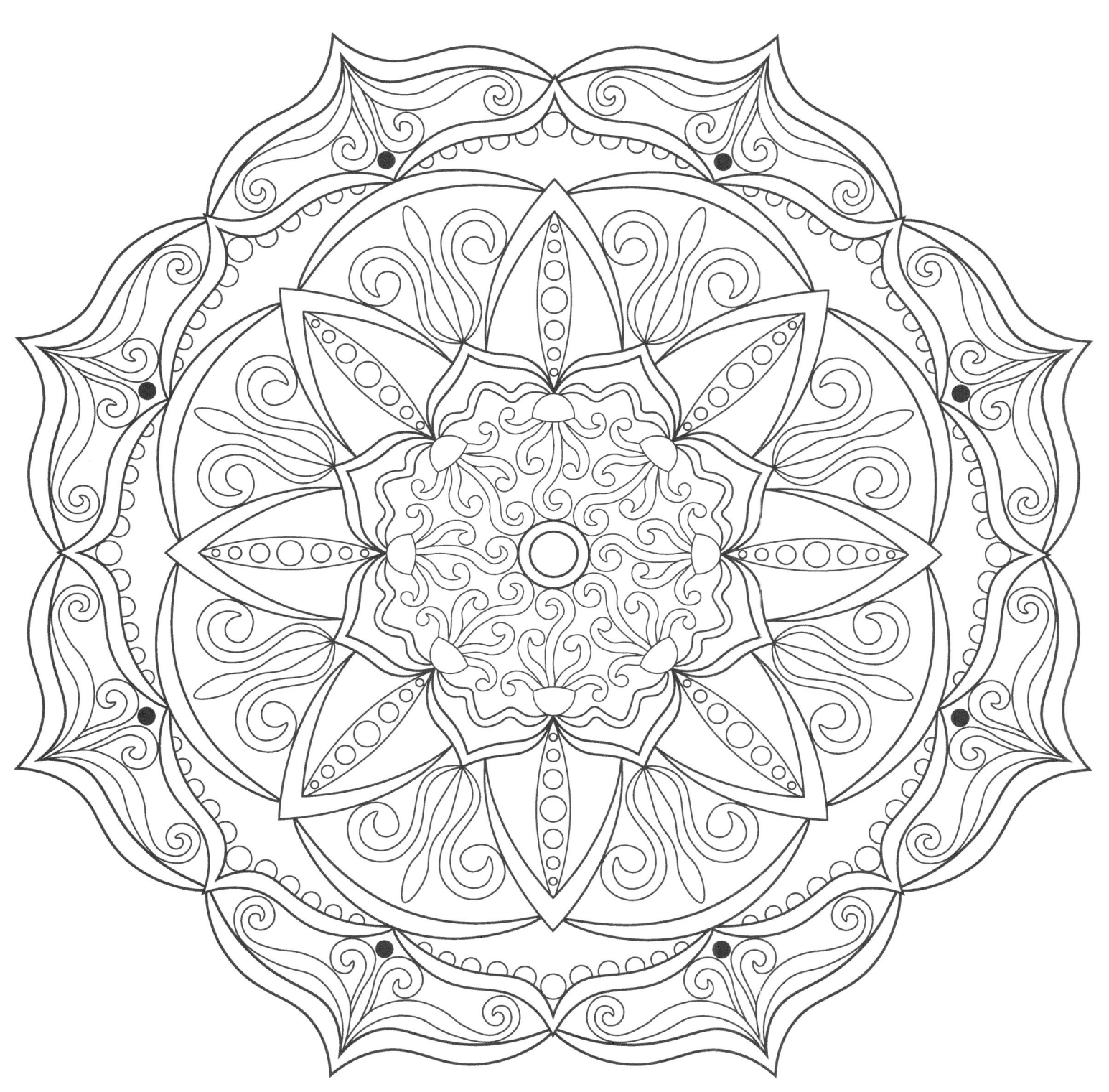

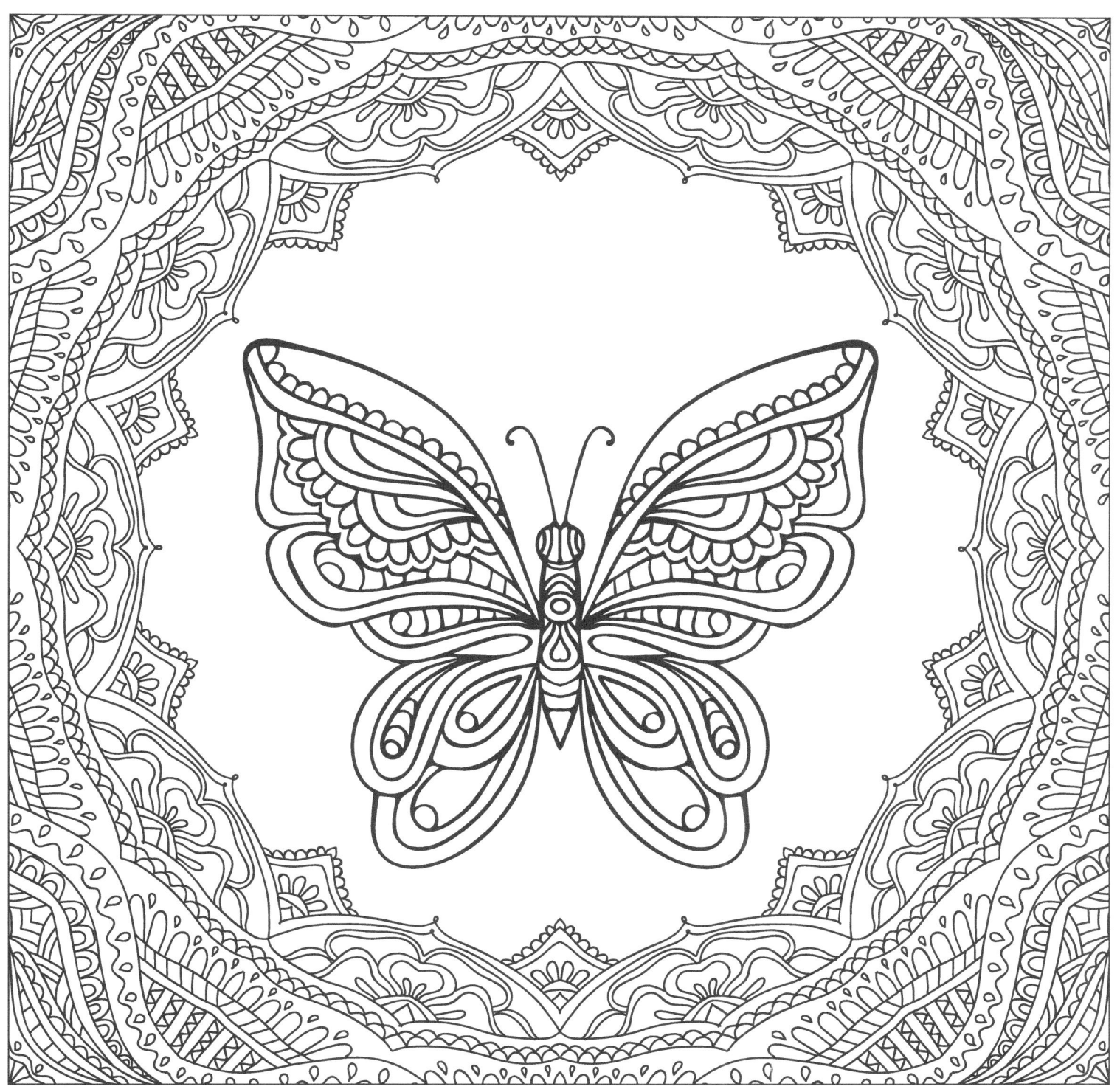

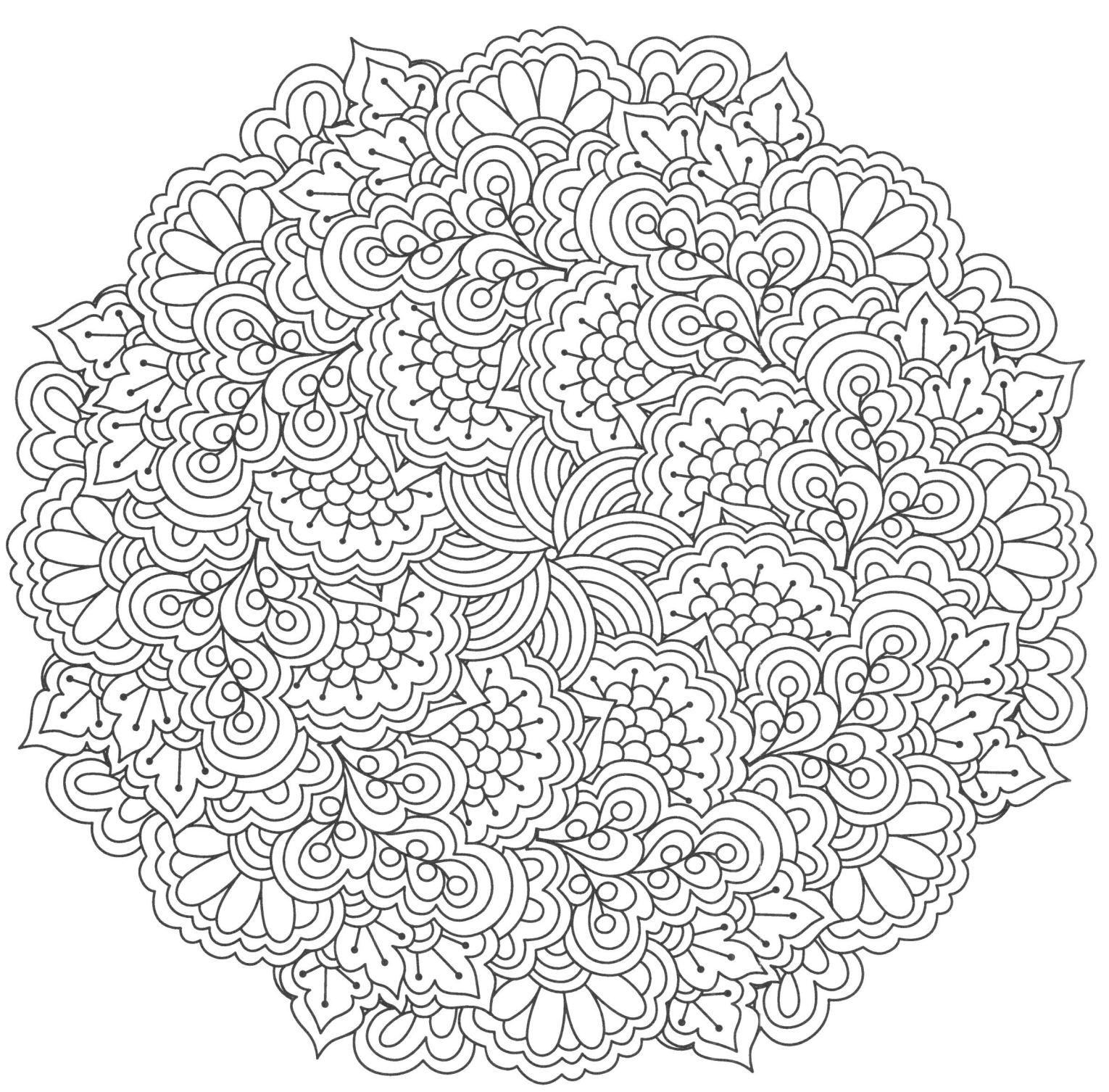

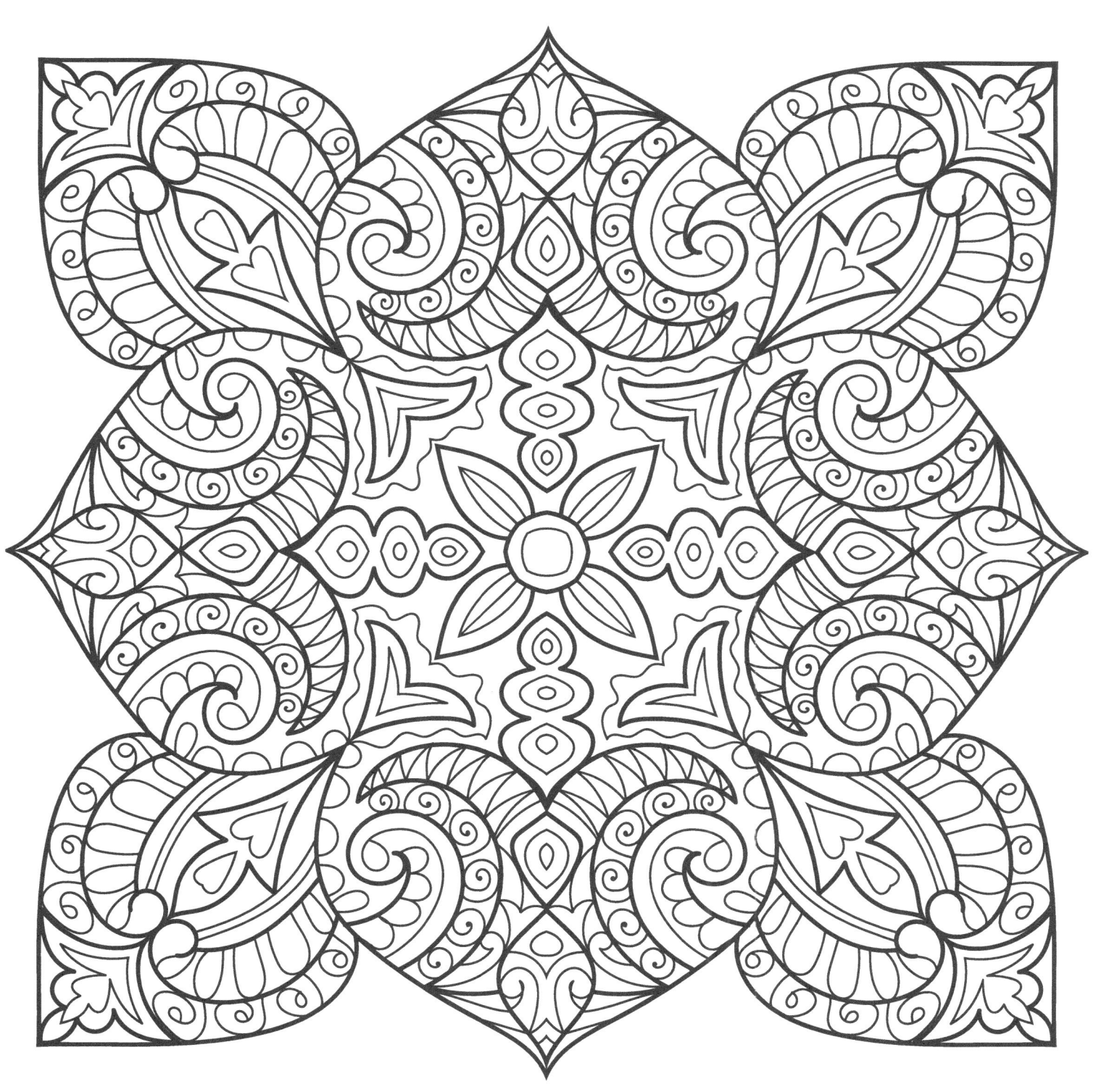

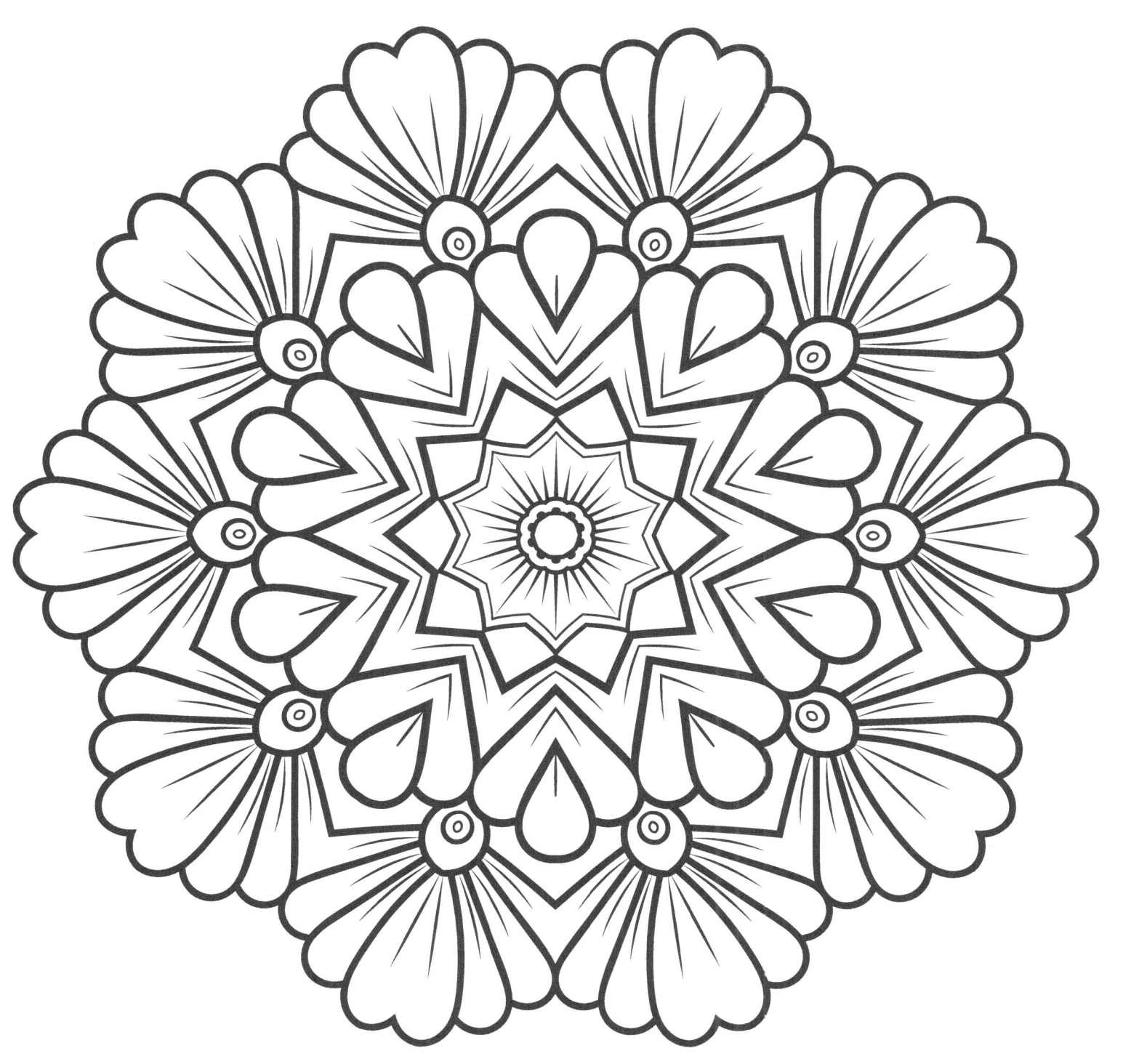

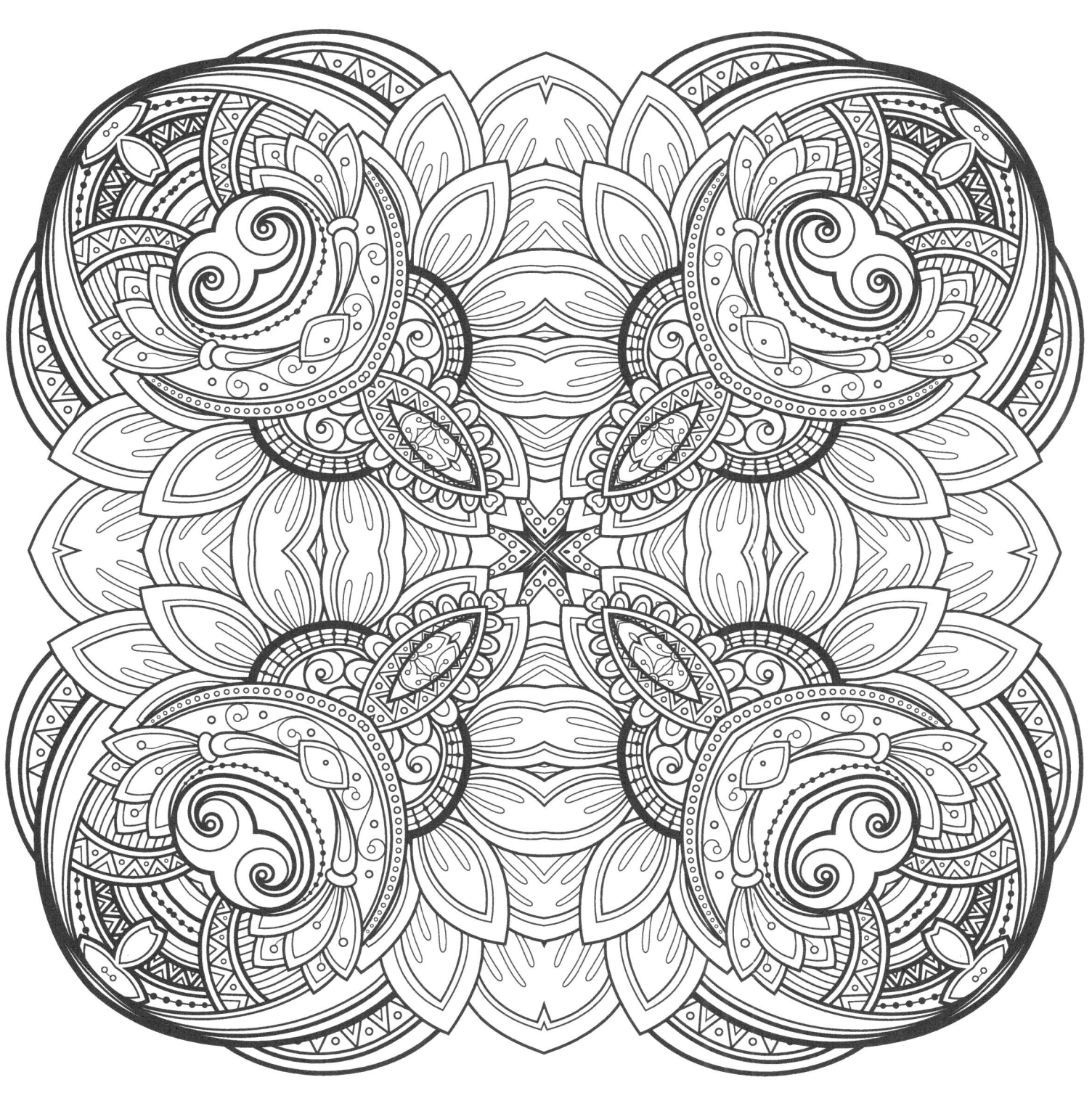

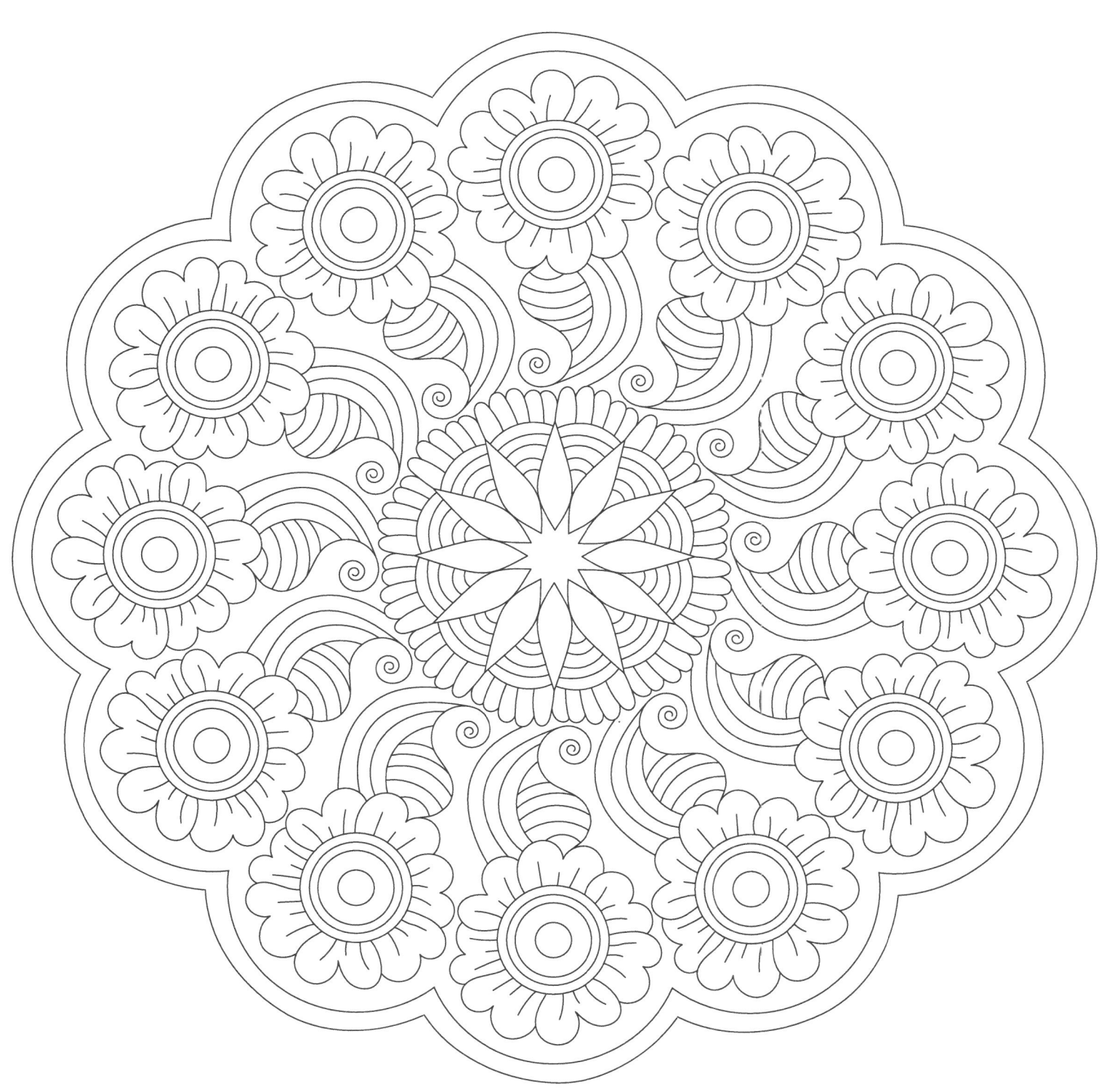